Normas para publicações da UNESP

FUNDAÇÃO EDITORA DA UNESP

Presidente do Conselho Curador
Herman Jacobus Cornelis Voorwald

Diretor-Presidente
José Castilho Marques Neto

Editor-Executivo
Jézio Hernani Bomfim Gutierre

Assessor Editorial
Antonio Celso Ferreira

Conselho Editorial Acadêmico
Alberto Tsuyoshi Ikeda
Célia Aparecida Ferreira Tolentino
Eda Maria Góes
Elisabeth Criscuolo Urbinati
Ildeberto Muniz de Almeida
Luiz Gonzaga Marchezan
Nilson Ghirardello
Paulo César Corrêa Borges
Sérgio Vicente Motta
Vicente Pleitez

Editores-Assistentes
Anderson Nobara
Arlete Zebber
Ligia Cosmo Cantarelli

Normas para publicações da UNESP

Volume 1
Referências

Equipe de realização
João Luís Cardoso Tápias Ceccantini (coord.)
Ana Maria Domingues de Oliveira
Denise Katchuian Dognini
Dida Bessana
Euclides Braga Malheiros
Mariângela Spotti L. Fujita

© 2010 Editora UNESP

Direitos de publicação reservados à
Fundação Editora UNESP (FEU)
Praça da Sé, 108
01001-900 – São Paulo – SP
Tel.: (0xx11) 3242-7171
Fax: (0xx11) 3242-7172
www.editoraunesp.com.br
www.livrariaunesp.com.br
feu@editora.unesp.br

CIP-BRASIL. Catalogação na Fonte
Sindicato Nacional dos Editores de Livros, RJ

N766
v.1

    Normas para publicação da UNESP, volume 1: referências. – São Paulo: Editora UNESP, 2010.
    205p.

    ISBN 978-85-393-0027-3

    1. Universidade Estadual Paulista Júlio de Mesquita Filho – Publicações – Normas. 2. Documentação – Normas. 3. Referências bibliográficas – Normas. I. Universidade Estadual Paulista Júlio de Mesquita Filho.

10-1935   CDD: 025.0021881
                                                                                                        CDU: 002:004.057.2

Editoras afiliadas:

Sumário

Introdução ... 13
Por que normalizar? ... 13
O que NÃO referenciar ... 15
Exemplos de notas ... 16

Parte 1
Modelo de referência ... 17

1 Monografia ... 21
  1.1 Monografia no todo ... 21
    1.1.1 Livro ... 21
    1.1.2 Teses, dissertações, trabalhos de conclusão de curso ... 23
    1.1.3 Enciclopédia ... 24
    1.1.4 Dicionário ... 25
    1.1.5 Manual, guia, catálogo, norma técnica, almanaque e *folder* ... 26
    1.1.6 Bíblia ... 28
  1.2 Parte de monografia ... 28
    1.2.1 Capítulo de livro ... 29
    1.2.2 Parte de tese, dissertação, trabalho de conclusão de curso ... 30
    1.2.3 Verbete de enciclopédia e dicionário ... 31
    1.2.4 Parte de manual, guia, catálogo, norma técnica, almanaque e *folder* ... 31
    1.2.5 Parte de Bíblia ... 32
    1.2.6 Separata ... 32

2 Periódico ... 35
  2.1 Coleção de periódico ... 35
  2.2 Fascículo ou número de periódico no todo ... 36
    2.2.1 Sem autor, sem título próprio ... 36
    2.2.2 Sem autor, com título próprio ... 36
  2.3 Artigo de periódico ... 37
    2.3.1 Artigo de periódico com fórmula ... 37
    2.3.2 Artigo de periódico cuja numeração de páginas é expressa com números e letras ... 38
    2.3.3 Artigo publicado em número especial ... 38
    2.3.4 Artigos em fase de publicação ... 38
    2.3.5 Artigo publicado em bibliografia ou *abstract* ... 39
    2.3.6 Separata em periódico ... 39
    2.3.7 Artigo de jornal ... 40

3 Publicações de eventos ... 41
  3.1 Publicação de evento no todo ... 41
    3.1.1 Publicação de eventos simultâneos ... 42
    3.1.2 Publicação de evento como fascículo especial de periódico ... 42
  3.2 Publicação de parte de evento ... 42
  3.3 Referência de pôster de evento ... 43

4 Patente 45
   4.1 Documento original 45
      4.1.1 Quando o responsável pela patente é uma entidade 45
      4.1.2 Quando o responsável pela patente é o inventor 45
   4.2 Documento reproduzido 46
5 Documento jurídico 47
   5.1 Legislação 47
      5.1.1 Constituição 47
      5.1.2 Lei, decreto, portaria, resolução e parecer, entre outros 48
      5.1.3 Jurisprudência 49
   5.2 Doutrina 50
6 Documento cartográfico 53
   6.1 Atlas 53
   6.2 Mapas 54
   6.3 Fotografia aérea 54
   6.4 Globo terrestre 54
   6.5 Carta topográfica 54
7 Documento iconográfico 55
   7.1 Documento original 55
      7.1.1 Fotografia 55
      7.1.2 Pintura 55
      7.1.3 Cartaz 55
      7.1.4 Diapositivo 55
      7.1.5 Transparência 56
      7.1.6 Radiografia 56
   7.2 Documento reproduzido 56
      7.2.1 Cartaz 56
   7.3 Desenho técnico 56
8 Documentos de acesso exclusivo em meio eletrônico 59
   8.1 *Home page* 59
   8.2 Base de dados 59
   8.3 Documento indexado em base de dados 60
   8.4 Programas (*software*) 61
9 Documento tridimensional 63
   9.1 Brinquedo 63
   9.2 Objeto 63
      9.2.1 Escultura 64
      9.2.2 Maquete 64
      9.2.3 Objeto sem autor 64
      9.2.4 Coleção de objetos 64
10 Documento sonoro ou musical 67
   10.1 Documento sonoro ou musical no todo 67
      10.1.1 Único compositor com vários intérpretes 67
      10.1.2 Único intérprete com vários compositores 67
      10.1.3 Vários compositores com vários intérpretes 68
      10.1.4 Coletânea 68
   10.2 Parte de documento sonoro ou musical 68

10.3 Partitura 69
11 Imagem em movimento 71
12 Bula de remédio 73
13 Entrevista 75
    13.1 Entrevista gravada 75
    13.2 Entrevista publicada 75
14 Resenha 77
15 Prefácio, apresentação, orelha, quarta capa 79
    15.1 Prefácio 79
    15.2 Posfácio 79
    15.3 Apresentação 79
    15.4 Orelha 80
    15.5 Quarta capa 80

Parte 2
Elementos das referências 81

Localização dos elementos da referência nos documentos 83
Ordenação das referências 83
Sistema alfabético 83
Sistema numérico 85
Descrição dos elementos da referência 87
Elementos essenciais 87
Elementos complementares 87
1 Autoria 89
    1.1 Autor pessoal 89
        1.1.1 Até três autores 89
        1.1.2 Mais de três autores 89
        1.1.3 Publicações com autoria desconhecida ou não assinadas 90
        1.1.4 Responsável intelectual: editor, compilador, coordenador, organizador 90
        1.1.5 Outros tipos de responsabilidade: tradutor, revisor e ilustrador, entre outros 90
    1.2 Autor entidade 90
        1.2.1 Entidades independentes 91
        1.2.2 Órgãos de administração governamental direta (ministérios, secretarias e outros) 91
    1.3 Exceções de entradas de nomes de autores 91
        1.3.1 Autores de sobrenome espanhol 91
        1.3.2 Sobrenome que indica parentesco 91
        1.3.3 Sobrenome composto de substantivo + adjetivo ou ligado por hífen 92
        1.3.4 Sobrenome com prefixos 92
        1.3.5 Sobrenome chinês 92
        1.3.6 Pseudônimo e heterônimo 93
        1.3.7 Título de nobreza 93
        1.3.8 Título de ordem religiosa 93

		1.3.9	Nomes consagrados que fogem à regra 93

- 1.3.9 Nomes consagrados que fogem à regra 93
- 1.3.10 Nomes em línguas clássicas (como grego e latim) 93
- 2 Título e subtítulo 95
  - 2.1 Monografia (livro, folheto, dissertação e tese, entre outros) 95
    - 2.1.1 Título contendo subtítulo 95
    - 2.1.2 Títulos ou subtítulos longos 95
    - 2.1.3 Título contendo nome científico ou títulos de outras obras 95
    - 2.1.4 Título em duas línguas 96
    - 2.1.5 Dois ou mais subtítulos 96
    - 2.1.6 Títulos em inglês 96
  - 2.2 Periódico 96
    - 2.2.1 Coleção de periódico 96
    - 2.2.2 Artigo de periódico e de jornal 96
- 3 Edição 97
- 4 Cidade de publicação 99
  - 4.1 Locais homônimos 99
  - 4.2 Mais de um local 99
  - 4.3 Local subentendido 99
  - 4.4 Sem local 99
- 5 Editora 101
  - 5.1 Coedição 101
  - 5.2 Quando a editora é autora 101
  - 5.3 Editora não identificada 101
  - 5.4 Cidade e editora não identificadas 102
- 6 Data 103
  - 6.1 Várias datas de monografia 103
    - 6.1.1 Monografia em vários volumes 103
  - 6.2 Divisões do ano 103
    - 6.2.1 Meses 104
    - 6.2.2 Estações do ano 105
    - 6.2.3 Outras subdivisões do ano 105
- 7 Descrição física 107
  - 7.1 Paginação da obra no todo 107
    - 7.1.1 Documento em mais de um volume 107
    - 7.1.2 Número de volumes bibliográficos diferente do número de volumes físicos 107
  - 7.2 Paginação de parte de documento 107
    - 7.2.1 Publicações monográficas 107
    - 7.2.2 Paginação de publicações periódicas 108
- 8 Série e coleção 109
- 9 Notas 111
  - 9.1 Documentos em fase de publicação 111
  - 9.2 Documentos traduzidos 111
  - 9.3 Fascículos especiais de periódicos 111
  - 9.4 Documentos de localização restrita 112
- 10 Acesso eletrônico 113

Parte 3
Estilo Vancouver 115

Apresentação 117
Algumas particularidades do estilo Vancouver 119
Autoria pessoal 119
Editor, compilador, organizador ou coordenador como autor 119
Título 119
Paginação 120
Identificador da citação em base de dados 120
Número de registro de experimento clínico 120
Formatos opcionais utilizados por NLM em MEDLINE/PubMed 121
Material não publicado 121
1 Artigo de periódico 123
   1.1   Com autor pessoal 123
   1.2   Organização como autor 124
   1.3   Autor pessoal e organização no mesmo artigo 125
   1.4   Sem autor 125
   1.5   Artigos em mais de um idioma 126
   1.6   Periódico em edição traduzida 126
   1.7   Periódicos com características especiais 127
   1.8   Número especial 127
   1.9   Nomes de periódico com suplemento no nome 128
   1.10 Volume com suplemento 129
   1.11 Número com suplemento 129
   1.12 Volume com parte 130
   1.13 Número com parte 130
   1.14 Número sem volume 131
   1.15 Título de periódico com série 131
   1.16 Periódico com dois fascículos com o mesmo número,
         publicados em datas diferentes 131
   1.17 Paginação em algarismos romanos 132
   1.18 Indicação de tipo de artigo: seções específicas (cartas,
         editorial e resumo, entre outros) 132
   1.19 Artigo contendo retratação 133
   1.20 Artigo retratado 133
   1.21 Artigo republicado com correções 134
   1.22 Artigo com publicação de errata 134
   1.23 Consenso com autoria 134
   1.24 Consenso sem autoria 135
   1.25 Artigo publicado eletronicamente antes da versão impressa 135
2 Monografia 137
   2.1   Livro 137
         2.1.1   Capítulo de livro com o autor da parte diferente do
                 autor do livro 138
         2.1.2   Capítulo de livro com o mesmo autor da parte e
                 do livro 139

2.2	Anais de evento	139
	2.2.1 Trabalhos apresentados em eventos	140
2.3	Tese, dissertação, trabalho de conclusão de curso	140
2.4	Relatório técnico ou científico	141
	2.4.1 Publicado pela agência patrocinadora	141
	2.4.2 Publicado pela agência executora	142
2.5	Guias, manuais, informes	142

3 Outros materiais 145
   3.1 Patente 145
   3.2 Artigo de jornal diário 145
   3.3 Enciclopédia e dicionário 145
   3.4 Verbete de dicionário ou enciclopédia 146
   3.5 CD-ROM 146
   3.6 Material audiovisual 146
   3.7 Material jurídico 147
   3.8 Mapas 147
   3.9 *Home page* 147
      3.9.1 Parte de *home page* 147

Parte 4
Apresentação de citações 151

1 A apresentação de citações em um trabalho científico 153
2 Tipos de citação 155
   2.1 Citação direta 155
      2.1.1 Citação de até três linhas 155
      2.1.2 Citação direta de mais de três linhas 155
   2.2 Citação indireta 156
   2.3 Citação de citação 157
   2.4 Citação de informação verbal (palestras, conferências, aulas, comunicações e outras) 158
   2.5 Citação de trabalhos em fase de elaboração 158
   2.6 Citação direta com omissões e/ou acréscimos de texto 159
   2.7 Citação direta com destaque ou ênfase de texto, incorreções ou incoerências 160
   2.8 Citação de nomes científicos 162
   2.9 Citação de obras clássicas 162
   2.10 Citação de poemas 163
   2.11 Citação de *home page* 164
3 Sistemas de chamada das citações no texto 165
   3.1 Sistema autor-data 165
      3.1.1 Autor pessoal 165
      3.1.2 Autor entidade 167
      3.1.3 Citação sem indicação de autoria 167
      3.1.4 Citação de vários trabalhos de autores diferentes 168
      3.1.5 Citação de autores com o mesmo sobrenome 168
      3.1.6 Citação de trabalhos de um mesmo autor com anos de publicação diferentes 168

      3.1.7   Citação de trabalhos de um mesmo autor com anos iguais de publicação 169
      3.1.8   Citação sem ano de publicação 169
      3.1.9   Referência de material em repositório e biblioteca digital 169
  3.2   Sistema numérico 170
      3.2.1   Citação não incluída na sentença 170
      3.2.2   Citação incluída na sentença 171
4   Notas de rodapé 173
  4.1   Notas de referência 173
      4.1.1   Idem ou Id. (do mesmo autor) 174
      4.1.2   Ibidem ou Ibid. (na mesma obra) 174
      4.1.3   Opus citatum, opere citato ou op. cit. (na obra citada anteriormente) 175
      4.1.4   Passim (aqui e ali em diversas passagens) 175
      4.1.5   Loco citato ou loc. cit. (no lugar citado) 175
      4.1.6   Confira, conforme ou Cf. 176
      4.1.7   Sequentia ou et. seq. (seguinte ou que se segue) 176
      4.1.8   Apud (citado por, conforme, segundo) 176
      4.1.9   Citação de citação 176
      4.1.10 Nota de informação verbal 177
      4.1.11 Nota de trabalho em fase de elaboração 177
      4.1.12 Nota de *home page* 177
      4.1.13 Nota de informação em evento 177
      4.1.14 Nota de relatório 177
  4.2   Notas explicativas 177
Anexo 179

Introdução

Verificamos que os pesquisadores encontram muita dificuldade no momento de referenciar a bibliografia de seus trabalhos devido à necessidade de seguir normas para elaborar as referências. Demonstram resistência em entender a necessidade de seguir normas em seus detalhes, principalmente quanto à forma em que essas normas são apresentadas. Entretanto, os pesquisadores têm urgência em tornar público o "saber" elaborado e querem uma forma rápida e simples de efetuar essa "árdua tarefa".

Outro setor que almeja padrões de normalização mais didáticos é o mercado editorial, que necessita revisar os originais recebidos, não tendo em mãos os documentos da bibliografia consultada.

Após ouvirmos, numerosas vezes, as queixas desses profissionais que não conhecem os termos específicos da área de Biblioteconomia a respeito de suas dificuldades em encontrar, em meio às apresentações das normas, os exemplos de referências de maneira mais prática, optamos por apresentá-los em duas partes:

Parte 1 – Formato-padrão de todos os tipos de materiais (monografias, periódicos, eventos, mapas, documentos iconográficos, sonoros, visuais, tanto nos suportes impressos como nos eletrônicos). Nesta parte, orienta-se que, para a elaboração da referência, os elementos são praticamente os mesmos, independentemente da tipologia documentária, bastando substituí-los pelos dados do documento a ser referenciado.

Parte 2 – Informações detalhadas sobre cada elemento que compõe as referências que deverão ser consultadas, no momento em que houver dúvidas, não sendo necessária sua leitura preliminar.

Por que normalizar?

O aumento exponencial de pesquisas influencia diretamente as atividades de comunicação, dada a necessidade e os usos da informação pelos pesquisadores. Não obstante seja a comunicação informal também importante para o desenvolvimento da Ciência, é a comunicação formal (publicações) e a maneira como se apresenta, bem como os meios de ter acesso a esta, o objeto de estudo focado neste trabalho. Com o aumento das pesquisas, houve um correspondente aumento no número de publicações. Independentemente do suporte, a informação apresentada em livros, periódicos, meio eletrônico ou impresso, necessita de padrões e normas para que não só o aspecto estético proporcione clareza na apresentação dos propósitos e no entendimento da leitura pelo público potencial, mas principalmente para que haja a confirmação da originalidade das ideias e sua autoria.

Com o crescente aumento da produção acadêmica em diferentes suportes, parece-nos imprescindível que a comunicação científica seja apresentada de forma padronizada, facilitando, sobretudo, sua recuperação.

A normalização ainda é entendida por alguns como uma atividade meramente técnica, formal, burocrática e complexa, capaz de ser compreendida só por especialistas. E para outros cerceia a liberdade de escrever e o desenvolvimento das ideias. Assim, alguns reduzem essa atividade apenas à sua dimensão técnica.

A normalização de fato é uma atividade técnica, mas isso não significa que seja destituída de sentido; pelo contrário, as normas existem para um determinado fim. E reduzir essa atividade à sua dimensão técnica é, portanto, não compreender a essência das normas nos trabalhos intelectuais e acadêmicos.

Podemos afirmar que um dos objetivos da normalização é, sobretudo, garantir a autoria das ideias. Perceber essa função relevante da normalização talvez possa colaborar para compreender que essa é uma atividade que deve ser parte integrante dos ritos acadêmicos no desenvolvimento e na divulgação de pesquisas e estudos.

Há uma questão que nos parece central na justificativa do real significado e importância da normalização dos trabalhos acadêmicos: a credibilidade da pesquisa. A confiabilidade das informações apresentadas em uma publicação está atrelada à indicação correta e completa das fontes (referências) utilizadas na pesquisa. A correta indicação das fontes também possibilita sua recuperação por parte de qualquer leitor, e a indicação dos autores citados, direta ou indiretamente, atribui o devido crédito às autorias.

Em muitas situações, bibliotecários e documentalistas são procurados para auxiliar leitores na busca de referências que, por estarem apresentadas de forma incorreta ou incompleta, muitas vezes tornam inviável sua localização; algumas referências até são consideradas, no término de uma exaustiva busca, inexistentes. Em nossa prática diária em bibliotecas e centros de informação, deparamo-nos com muitos autores indignados porque não se "reconhecem" no texto em que foram indiretamente citados – por falta de rigor acadêmico ou ainda por se reconhecerem no texto de outro autor que não lhe atribuiu autoria, ou sequer o mencionou (grave omissão).

Outro exemplo seria o caso das epígrafes. Atualmente, ao normalizar um documento, elas devem ser tratadas como uma citação direta, ou seja, uma epígrafe deve conter a indicação do autor, ano e página da publicação, apresentando a referência completa da fonte na lista final de referências.

Muitos autores acham essa medida desnecessária e exagerada, mas há certamente uma justificativa para esse "rigor": a facilidade do uso de epígrafes sem indicação de fonte abriu um grave precedente e permitiu a troca e a atribuição errada de autorias. A obrigatoriedade de indicar a fonte impede essa prática, além de proporcionar ao leitor um aprofundamento no tema tratado, se assim o desejar. Muitas vezes é fundamental saber em qual contexto o autor "desenvolveu aquela ideia".

A falta de normalização é mais grave quando falamos do mar de informações disponíveis na *web*, sem nenhum rigor, formato e com omissões ou trocas de autoria.

Acrescenta-se que uma questão também primordial na importância da normalização dos trabalhos acadêmicos é o respeito ao leitor. A atitude respeitosa e o rigor ao publicar estão na indicação correta e completa das fontes utilizadas.

Por tudo isso, a comunidade de pesquisadores, autores e editores há que se empenhar para fazer da normalização não uma atividade puramente técnica, mas, sim, uma etapa importante na comunicação dos saberes.

O que NÃO referenciar

Muitas vezes, somos procurados para auxiliar os pesquisadores na referenciação de documentos não convencionais e não formais, especialmente os pesquisadores da área de Humanidades. Entre esses documentos, podemos citar maços de cigarro, guardanapos de papel, anotações em margens de livros, cartas, bilhetes, recortes de jornal sem a indicação do veículo do qual foi extraído, comunicações orais, anotações de aula, anotações de eventos etc. Esses documentos são únicos, portanto, o acesso à informação contida neles só é possível consultando-os.

A forma correta de indicação é a nota, que pode ser de rodapé ou no final do capítulo, ou da obra e deve conter todas as informações disponíveis sobre o documento.

Deve-se preferencialmente usar a nota de rodapé, pois facilita a leitura. No caso de haver grande número de notas, algumas vezes excedendo o rodapé da página onde estão citadas, recomenda-se a utilização de notas ao final do capítulo ou da obra.

Exemplos de notas

Anotação em guardanapo de papel do Bar Brahma, datada de 18 set. 1989, assinada por José da Silva, pertencente ao acervo particular de Mário Alencar.

Comunicação oral durante o 3º Simpósio Internacional de Silvicultores, em São Paulo, em agosto de 2003, apresentada por José da Silva.

Recorte de jornal intitulado *Terra de Ninguém*, de autoria e fonte não identificadas, pertencente ao acervo de Mário Alencar.

Parte 1

Modelo de referência

Destacamos que todas as referências devem ser elaboradas seguindo o mesmo princípio, independentemente de tratar-se de monografia, periódico, evento e documento cartográfico, entre outros. A normalização da referência é feita de maneira que forneça subsídios para que qualquer pessoa, de posse das informações indicadas, tenha condições de localizar exatamente a obra consultada.

Os elementos da referência são apresentados em ordem de importância para a identificação do documento e a seguir de seu suporte. Dessa forma, sempre inicia-se pela informação mais relevante, passando em seguida para as mais gerais.

P.ex.: O autor de determinado documento é único. Nenhum documento com as mesmas características (título, periódico e data, entre outros), porém de outro autor, será o mesmo documento, logo, a informação de autoria é a primeira a ser citada.

Por último, teremos a informação mais geral.

P.ex.: Ano de publicação. Uma infinidade de publicações foi feita em um determinado ano, logo, essa é uma informação que só tem valor com todas as outras.

A referência de documentos em meio eletrônico segue a mesma ordem do documento impresso, porém, na parte dedicada ao suporte, incluem-se, após os elementos convencionais, aqueles que identificam o meio no qual foi publicado (CD-ROM, internet), com exceção do impresso.

Incluiremos aqui o formato das referências, contendo tanto os elementos principais quanto os complementares. Esse formato deve ser seguido para qualquer tipo de referência, excluindo-se os elementos que não se aplicarem ao documento que está sendo referenciado.

1 Monografia

Incluem-se nesta categoria: livro, dicionário, enciclopédia, folheto, guia, manual, catálogo, almanaque, *folder*, norma técnica, relatório, tese, dissertação, trabalho de conclusão de curso (TCC), Bíblia, entre outros.

1.1 Monografia no todo

1.1.1 Livro

AUTOR, Nome do. *Título da monografia*: subtítulo. Tradução de Nome do Tradutor. Número da edição. Cidade de publicação: Editora, ano. Número de páginas ou volumes. Número de CD-ROM. (Nome da série ou coleção). Notas. Disponível em: http: URL de acesso. Acesso em: dia mês abreviado ano.

Orientações gerais

a) Autor: esta norma indicará, preferencialmente, os prenomes dos autores por extenso. Nos casos em que, eventualmente, não é possível encontrar o(s) prenome(s) do(s) autor(es) por extenso, recomenda-se grafá-lo(s) como aparece(m) no documento. Ver Parte 2, item 1 (p.89).

b) Título: esta norma indicará, preferencialmente, o destaque do título em itálico, sem destaque no subtítulo. Ver Parte 2, item 2.1 (p.95).

c) Outros tipos de responsabilidade (tradução, compilação etc.) devem ser acrescentados, se forem considerados importantes, após o título ou subtítulo. Nestes casos, os nomes próprios devem ser transcritos na ordem direta, seguidos de ponto. Ver Parte 2, item 1.1.5 (p.90).

d) O número da edição e o nome da cidade devem ser indicados na língua do documento referenciado. Ver Parte 2, itens 3 e 4 (p.97, 99).

e) Quanto à ortografia, todos os dados devem ser transcritos como aparecem na página de rosto da obra referenciada.

f) Paginação: usar o formato "nnnp.", sem espaço entre o número e o ponto da abreviatura de página (p.). No caso de obra em mais de um volume, indica-se o número total de volumes (e não o nº de páginas), no formato "nv.", também sem espaços, ou "n CD-ROM".

g) URL de acesso: indicar a URL para acesso ao documento no site do editor ou da base de texto completo ou DOI, no formato: http://dx.doi.org/nº DOI, ou HDL, no formato: http: hdl.handle.net/nº HDL

h) O mês de acesso deve ser abreviado de acordo com o item 6.2.1, Quadro 1 (p.104).

Exemplos

a) Livro-padrão

HETZEL, B.; LODI, L. *Baleias, botos e golfinhos*: guia de identificação para o Brasil. Rio de Janeiro: Nova Fronteira, 1993.

MELLO, J. M. C. de. *O capitalismo tardio*. 10.ed. Campinas: Editora Unicamp, 1998.

ROBERT, F. *Os termos filosóficos*. Tradução de Pedro Vidal. Rio de Janeiro: Europa América, 1990. 2v. (Apontamentos Europa-América). Título original: *Les termes philosophiques*.

b) Livro com fórmulas no título

O título deve ser transcrito como aparece no texto, evitando fazer mudança de linha no meio da fórmula.

FLYNN, C. M. *Solubilities of Sideronatrite and Ferrinatrite in the System* $Na_2SO_4^-$ Fe_2O_3-H_2SO_4-H_2O. Pittsburgh: Bureau of Mines, 1987. 17p. (Report of Investigations, 9100).

c) Mais de uma obra em um único volume físico

PLATÃO. *Defesa de Sócrates*. XENOFONTE. *Ditos e feitos memoráveis de Sócrates; Apologia de Sócrates*. ARISTÓFANES. *As nuvens*. Tradução de Jaime Bruna, Líbero Rangel de Andrade, Gilda Maria Reale Starzynski. São Paulo: Abril Cultural, 1972. (Os pensadores, 2).

d) Livro com tomo e volume

MARX, K. *O capital*: crítica da economia política. Tradução de Regis Barbosa, Flávio R. Kothe. 3.ed. São Paulo: Nova Cultural, 1988. v.5, t.2. (Os economistas). Título original: *Das Kapital*.

e) Livro em outros idiomas

Da mesma maneira que os livros em português, os dados devem ser transcritos da forma que aparecem na página de rosto do livro e de acordo com a regra gramatical da língua.

BENJAMIN, W. *Der Begriff der Kunstkritik in der deutschen Romantik*. Frankfurt am Main: Suhrkamp, 1973.

WILLIAMS, E. B. (Ed.). *First Brazilian Grammar*: a Course in Beginner's Portuguese. New York: F. S. Crofts & Co., 1944.

f) Livro em mais de uma língua

É frequente a publicação de obras, especialmente de literatura, em mais de uma língua. O título nas diversas línguas é equivalente e na referência deverá ser indicado o que primeiro aparece na página de rosto seguido do sinal de igualdade e o título na outra língua. Se houver mais de duas línguas, proceder da mesma maneira.

OLIVEIRA, L. G. de. *Vagalumes da infância = Luciérnagas de la niñez*. Araraquara: Junqueira & Marin, 2006.

g) ebook (livro eletrônico)

SMOLINSKI, M. S.; HAMBURG, M. A.; LEDERBERG, J. *Microbial Threats to Health:* Emergence, Detection, and Response. [S.l.]: National Academy of Sciences, 2003. 367p. Disponível em: http://www.nap.edu/books/030908864X/html/. Acesso em: 13 dez. 2006.

h) Livro em CD-ROM

ASSIS, M. de. *Esaú e Jacó*. Rio de Janeiro: Long on Informática, [19-]. 1 CD-ROM. Produzido e dirigido por AnaLu Palma sob a coordenação do acadêmico Ivan Junqueira.

MINK, C. H.; MAZZETTI, G. *Adobe Photoshop 5.0:* guia do usuário brasileiro. São Paulo: Makron, 1999. 1 CD-ROM.

1.1.2 Teses, dissertações, trabalhos de conclusão de curso

AUTOR, Iniciais do nome do. *Título do trabalho*: subtítulo. Ano de depósito. Número de folhas ou volumes. Trabalho de Conclusão de Curso (Graduação em...) (ou) (Especialização em...) (ou) Dissertação (Mestrado em...) (ou) Tese (Doutorado em...) – Faculdade de... (ou) Instituto de..., Universidade..., Cidade da defesa, ano da defesa. CD-ROM. (ou) Disponível em: http: URL de acesso. Acesso em: dia mês abreviado ano.

Orientações gerais

a) Da mesma maneira que os outros tipos de obras, as informações devem ser obtidas na página de rosto, preferencialmente.
b) Usar o formato 365f., sem espaço entre o número e o f. da abreviatura de folha ou no formato 3v. também sem espaço.
c) Abreviar o mês de acesso de acordo com o item 6.2.1, Quadro 1 (p.104).

Exemplos

a) Tese, dissertação, monografia ou trabalho de conclusão de curso em português
TOMAZ, K. S. *Alternância de vogais médias posteriores em formas nominais de plural no português de Belo Horizonte*. 2006. 165f. Dissertação (Mestrado em Estudos

Linguísticos) – Faculdade de Letras, Universidade Federal de Minas Gerais, Belo Horizonte, 2006.

BARBOSA, L. M. de A. *Opacité et transparence lexico-culturelle dans l'apprentissage du portugais langue etrangère au Brésil*: les paroles de chansons, instruments de médiation linguistique et culturelle. 2005. 356f. Thèse (Doctorat en Langue, Littératures, Cultures Étrangères) – Université Paris VIII, Paris, 2005.

b) Exemplos em meio eletrônico

FUJITA, M. S. L. *Linguagem documentária em odontologia*: uma aplicação do sistema de indexação PRECIS. 1992. Tese (Doutorado em Ciências da Comunicação) – Escola de Comunicações e Artes, Universidade de São Paulo, São Paulo, 1992. 5 disquetes, 5 1/4 pol. Wordstar.

RAMIREZ, G. M. *Uso de imagens de alta e média resolução espacial no estudo de áreas cafeeiras*. 2009. 132p. Tese (Doutor em Engenharia Agrícola) – Universidade de Campinas, Campinas, 2009. Disponível em: http://libdigi.unicamp.br/document/?code=000442012. Acesso em: 30 jul. 2009.

SANTOS, V. L. C. de G. *Cuidando do estomizado*: análise da trajetória no ensino, pesquisa e extensão. 2006. 193f. Tese (Livre-docência) – Escola de Enfermagem, Universidade de São Paulo, São Paulo, 2006. Disponível em: http://www.teses.usp.br/teses/disponíveis/livredocencia/7/tde-15092006-145018/. Acesso em: 20 jan. 2007.

1.1.3 Enciclopédia

Orientações gerais

a) Número da edição e nome da cidade devem ser indicados na língua original do documento referenciado. Ver Parte 2, itens 3 e 4 (p.97, 99).

b) No caso de os diversos volumes apresentarem anos de publicação diferentes, utilizar o ano mais antigo e o mais recente, separados por hífen. P. ex.: 1998-2001.

c) Usar o formato 365p., sem espaço entre o número e o p. da abreviatura de página ou no formato 3v. também sem espaço ou 1 CD-ROM ou 2 disquetes.

d) Notas: dados que melhor identifiquem o documento referenciado. Ver Parte 2, item 9 (p. 111).

e) Abreviar o mês de acesso de acordo com o item 6.2.1, Quadro 1 (p. 104).

Exemplos

a) Com autor

AUTOR, Nome do. *Título da enciclopédia*. Número da edição. Cidade de publicação: Editora, ano. Número de páginas ou volumes (ou) número de CD-ROM.

(Nome da série ou coleção). Notas. Disponível em: http: URL de acesso. Acesso em: dia mês abreviado ano.

CUNHA, Paulo José. *Grande enciclopédia internacional de piauiês*. Brasília, DF: [s.n.], 1995.

MEYERS, Robert Allen (Ed.). *Encyclopedia of Physical Science and Technology*. 2nd ed. San Diego: Academic Press, 1992. 18v.

BUDAVARI, Susan (Ed.). *The Merck Index*: An Encyclopedia of Chemicals, Drugs, and Biologicals. 12th ed. Withehouse Station: Merck, 1996. 1 CD-ROM.

b) Sem autor

TÍTULO da enciclopédia. Número da edição. Cidade de publicação: Editora, ano. Número de páginas ou volumes ou número de disquetes. (ou) Número de CD-ROM. (Nome da série ou coleção). Notas. Disponível em: http: URL de acesso. Acesso em: dia mês abreviado ano.

Orientações específicas

a) A primeira palavra do título deve ser grafada em letras maiúsculas.
b) O título não recebe destaque em itálico.
c) Para os demais elementos, conferir as *Orientações gerais* para referências de enciclopédias (p.24).

ENCICLOPÉDIA da música brasileira: popular, erudita e folclórica. 2.ed. rev. e aum. São Paulo: Art, 1998. 2v.

ENCICLOPEDIA. Roma: Istituto della Enciclopedia Italiana, 1971-1980. 7v.

McGRAW-HILL Encyclopedia of Science and Technology. New York: McGraw-Hill, 1960. 15v.

1.1.4 Dicionário

AUTOR, Nome do. *Título do dicionário*. Número da edição. Cidade de publicação: Editora, ano. Número de páginas ou volumes (ou) (ou) Número de CD-ROM. (Nome da série ou coleção). Notas. Disponível em: http: URL de acesso. Acesso em: dia mês abreviado ano.

Orientações gerais

a) O número da edição e o nome da cidade devem ser indicados na língua original do documento referenciado. Ver Parte 2, itens 3 e 4 (p.97, 99).
b) Usar o formato 365p., sem espaço entre o número e o p. da abreviatura de página, ou no formato 3v. também sem espaço, ou 1 CD-ROM, ou 2 disquetes.

c) Notas: dados que melhor identifiquem o documento referenciado. Ver Parte 2, item 9 (p.111).

d) Abreviar o mês de acesso de acordo com o Quadro 1 (p.104).

Exemplos

CAVALCANTI, C. (Org.). *Dicionário brasileiro de artistas plásticos*. Brasília: INL, 1973. 4v.

FERNANDES, Francisco. *Dicionário de verbos e regimes*. 39.ed. São Paulo: O Globo, 1993.

a) Com data de início e término diferentes

MICHAELIS, H. *Novo Michaelis*: dicionário ilustrado. São Paulo: Melhoramentos: Brockhaus, 1972-1973. 2v.

b) Em meio eletrônico

BRASIL. Ministério da Educação. Secretaria de Educação Especial. *Dicionário digital da língua brasileira de sinais*. Versão 1.0. Rio de Janeiro: Instituto Nacional de Educação de Surdos, [199-]. 1 CD-ROM.

c) Sem autor

Orientações específicas

a) A primeira palavra do título deve ser grafada em letras maiúsculas.

b) O título não recebe destaque.

c) Para os demais elementos, conferir as *Orientações gerais* para referências de dicionários (p.25).

DICIONÁRIO geral de ciências biológicas. Curitiba: Educacional Brasileira, 1970.

DICTIONARY of Natural Products. Version 11:1. London: Chapman & Hall: CRC, 2002. 1 CD-ROM.

1.1.5 Manual, guia, catálogo, norma técnica, almanaque e *folder*

AUTOR, Nome do. *Título do manual ou guia ou catálogo ou norma técnica ou almanaque ou folder*: subtítulo. Número da edição. Cidade de publicação: Editora, ano. Número de páginas ou volumes ou Número de CD-ROM. (Nome da série ou coleção). Notas. Disponível em: http: URL de acesso. Acesso em: dia mês abreviado ano.

Orientações gerais

a) Número da edição e nome da cidade devem ser indicados na língua original do documento referenciado. Ver Parte 2, itens 3 e 4 (p.97, 99).
b) Usar o formato 365p., sem espaço entre o número e o p. da abreviatura de página, ou no formato 3v. também sem espaço, ou 1 CD-ROM.
c) Notas: dados que melhor identifiquem o documento referenciado. Veja Parte 2, item 9 (p.111).
d) Abreviar o mês de acesso de acordo com o Quadro 1 (p.104).

Exemplos

a) Em meio impresso
AMERICAN SOCIETY FOR TESTING AND MATERIALS (ASTM). *D2887-99*: Standard Test Method for Boiling Range Distribution of Petroleum Fractions by Gas Chromatography. West Conshohocken, 2000. 13p.

No exemplo acima, o autor e o editor são a mesma instituição, por isso ele só é citado no campo autoria, não sendo necessária a repetição no campo "editor". (Ver Parte 2, item 5.2, p.101.)

CAETANO, Norival (Ed.). *BPR*: guia de remédios. 7.ed. São Paulo: BPR – Consultoria, Projetos e Comércio, 2006. 672p.
INSTITUTO BRASILEIRO DE PETRÓLEO (IBP). *Catálogo composto de petróleo e petroquímica*: 1986-1988. 2.ed. Rio de Janeiro, 1986.
LORENZI, Harri. *Manual de identificação e controle de plantas daninhas*: plantio direto e convencional. 4.ed. Nova Odessa: Instituto Plantarum, 1994.
MANUAL de infecção hospitalar. 2.ed. Rio de Janeiro: Medsi, 2001. 1116p.
MONTEIRO, John. *Guia de fontes para a história indígena e do indigenismo em arquivos brasileiros*. São Paulo: Núcleo de História Indígena e do Indigenismo da Universidade de São Paulo: FAPESP, 1994.
PONTIFÍCIA UNIVERSIDADE CATÓLICA DO RIO GRANDE DO SUL. *Catálogo de teses e dissertações 1989-1991*. Porto Alegre, 1992. 10p.
SÃO PAULO (Cidade). Prefeitura Municipal. Secretaria de Educação. *Memória técnica documental*: 25 anos jubileu de prata. São Paulo, 2006.

b) Em meio eletrônico
AMERICAN SOCIETY FOR TESTING AND MATERIALS (ASTM). *F1983-99*: Standard Practice for Assessment of Compatibility of Absorbable/Resorbable Biomaterials for Implant Applications. West Conshohocken, 2000. 5p. CD-ROM 2.

BIBLIOTECA DE MANGUINHOS. *Catálogo de obras raras*: projeto Overmeer. Rio de Janeiro: Fiocruz [2004?]. 1 CD-ROM.

HISTÓRIA do mundo: um guia completo, em CD-ROM, sobre a história da humanidade até os dias de hoje. São Paulo: Globo Multimídia, 1997. 1 CD-ROM.

PORTINARI, Candido. *Candido Portinari*: catálogo raisonné. Coordenação de Luiz Tucherman e João Candido. Rio de Janeiro: Projeto Portinari, 2004. 1 CD-ROM.

1.1.6 Bíblia

BÍBLIA. Idioma. *Título*: subtítulo. Tradução de ou versão de. Número da edição. Cidade de publicação: Editora, ano. Número de páginas ou volumes (ou) número de disquetes. (ou) Número de CD-ROM. (Nome da série ou coleção). Notas. Disponível em: http: URL de acesso. Acesso em: dia mês abreviado ano.

Orientações gerais

a) Indicar o idioma da publicação.
b) Indicar o nome do tradutor na ordem direta, seguido de ponto.
c) Número da edição e cidade devem ser indicados na língua original do documento referenciado. Ver Parte 2, itens 3 e 4 (p.97, 99).
d) Usar o formato 365p., sem espaço entre o número e o p. da abreviatura de página, ou no formato 3v. também sem espaço, ou 1 CD-ROM ou 2 disquetes.
e) Notas: dados que melhor identifiquem o documento referenciado. Ver Parte 2, item 9 (p.111).
f) Abreviar o mês de acesso de acordo com o Quadro 1 (p.104).

Exemplo

BÍBLIA. Português. *Bíblia sagrada*: contendo o Antigo e o Novo Testamento. Tradução de João Ferreira de Almeida. 2.ed. Santo André: Geográfica, 2002. 296p.

1.2 Parte de monografia

AUTOR da parte, Nome do. Título da parte: subtítulo. In: AUTOR da monografia, Nome do. Título da monografia. Número edição. Cidade de publicação: Editora, ano. Intervalo de páginas. (ou) Número do volume, intervalo de páginas. (ou) Número de CD-ROM. (Nome da série ou coleção). Notas. Disponível em: http: URL de acesso. Acesso em: dia mês abreviado ano.

Orientações gerais

a) O título da parte deve ser escrito sem destaque em itálico ou aspas.

b) Outros tipos de responsabilidades (tradução, compilação etc.) devem ser acrescentados, se forem considerados importantes. Nestes casos, os nomes próprios devem ser transcritos na ordem direta, após a indicação do tipo de colaboração (ex.: Tradução de:), seguidos de ponto. Ver Parte 2, item 1.1.5 (p.90).

c) Todos os dados devem ser coletados e transcritos da página de rosto e seguindo os critérios estabelecidos. Ver Parte 2.

d) Usar o formato nnp., sem espaço entre o número e o ponto da abreviatura ou no formato nv., também sem espaço, ou n. de CD-ROM.

e) Notas: incluir nesta área dados que possam melhor identificar o documento. Ver Parte 2, item 9 (p.111)

1.2.1 Capítulo de livro

a) Quando o autor da parte é diferente do autor da obra no todo
   Neste caso, segue-se o modelo-padrão.

AUTOR da parte, Nome do. Título da parte: subtítulo. In: AUTOR da monografia, Nome do. *Título da monografia*. Número da edição. Cidade de publicação: Editora, ano. Intervalo de páginas. (ou) Número do volume, intervalo de páginas. (ou) Número do disquete. (ou) Número do CD-ROM. (Nome da série ou coleção). Notas. Disponível em: http: URL de acesso. Acesso em: dia mês abreviado ano.

Orientação específica

Para dúvidas com relação aos elementos da referência, conferir as *Orientações gerais* para referências de livros (p.21) e partes de monografia (p.28).

Exemplo

PÊCHEUX, Michel. Análise automática do discurso. In: GADET, Françoise; HAK, Tony (Org.). *Por uma análise automática do discurso*: uma introdução à obra de Michel Pêcheux. 2.ed. Campinas: Ed. Unicamp, 1990. p. 253-82.

b) Quando o autor da parte é o mesmo autor da monografia
   Neste caso, o autor só é citado na primeira vez em que aparece (autor da parte). Na segunda vez (autoria da obra), utiliza-se somente um tracejado de 6 toques, no lugar do nome do autor.

- A expressão In: deve ficar na mesma linha que o tracejado.
- Nestes casos, a autoria da obra como um todo pode ser um editor ou organizador ou compilador etc. O nome do organizador deve ser seguido da respectiva indicação de função (ver Parte 2, item 1.1.4, p.90). Para os demais casos de autoria, seguir a norma expressa na Parte 2, item 1.

AUTOR da parte, Nome do. Título da parte: subtítulo. In: _____. *Título da monografia:* subtítulo. Tradução de. Número da edição. Cidade de publicação: Editora, ano. Intervalo de páginas. (ou) Número do volume, intervalo de páginas. (ou) Número do CD-ROM. (Nome da série ou coleção). Notas. Disponível em: http: URL de acesso. Acesso em: dia mês abreviado ano.

Exemplos

GUYTON, Arthur C.; HALL, John E. Fisiologia do esporte. In: _____. *Tratado de fisiologia médica*. 10.ed. Rio de Janeiro: Guanabara Koogan, 2002. cap.84, p.908-17.

KOYRÉ, Alexandre. O pensamento moderno. In: _____. *Estudos de história do pensamento científico*. Rio de Janeiro: Forense; Brasília: Editora UnB, 1982. p. 37-74.

1.2.2 Parte de tese, dissertação, trabalho de conclusão de curso

AUTOR, Nome do. Título da parte. In: _____. *Título do trabalho de conclusão de curso, ou dissertação, ou tese*: subtítulo. Volume (ou) folhas iniciais-finais da parte. Trabalho de Conclusão de Curso (Graduação em...) (ou) (Especialização em...) (ou) Dissertação (Mestrado em...) (ou) Tese (Doutorado em...) – Faculdade de... (ou) Instituto de..., Universidade, Cidade da defesa, ano da defesa. CD-ROM número. (ou) Disponível em: http: URL de acesso. Acesso em: dia mês abreviado ano.

Exemplo

COSTA, Sidney Alves. A construção do MST e a elaboração de uma forma de luta pela terra. In: _____. *Os sem terra e a educação*: um estudo da tentativa de implantação da proposta pedagógica do MST em escolas de assentamentos no Estado de São Paulo. 2002. f.77-112. Dissertação (Mestrado em Educação) – Universidade Federal de São Carlos, São Carlos, 2002.

1.2.3 Verbete de enciclopédia e dicionário

TÍTULO do verbete. In: AUTOR, Nome do. *Título da enciclopédia ou dicionário.* Número da edição. Cidade de publicação: Editora, ano. Intervalo de páginas. (ou) Número do volume, intervalo de páginas. (ou) Número do CD-ROM. (Nome da série ou coleção). Notas. Disponível em: http: URL de acesso. Acesso em: dia mês abreviado ano.

Orientações específicas

a) Título do verbete grafado em maiúsculas.
b) Para os demais elementos, verificar as *Orientações gerais* para referências de dicionários (p.25).

Exemplos

EDITORAÇÃO. In: HOUAISS, Antônio; VILLAR, Mauro de Salles; FRANCO, Francisco Manuel de Mello. *Dicionário Houaiss da língua portuguesa.* Rio de Janeiro: Objetiva, 2001. p.1001.

ELECTROPLATINE. In: THE NEW Encyclopaedia Britannica. 15th ed. Chicago: Encyclopaedia Britannica, 1995. v.4, p.439-40.

MEDIKAMENT. In: TOCHTROP, L. *Dicionário alemão-português.* 9.ed. São Paulo: Globo, 1996. p.352.

NAZARÉ, E. J. In: DICIONÁRIO Cravo Albin da música popular brasileira. Idealização e supervisão geral de Ricardo Cravo Albin. [Rio de Janeiro]: Fundação Biblioteca Nacional, 2001. Disponível em: http://fbn-202.bn.br/scripts/dicionario.exe/verbete?busca=NAZARETH,%20Ernesto&tipo=A. Acesso em: 27 nov. 2001.

1.2.4 Parte de manual, guia, catálogo, norma técnica, almanaque e *folder*

AUTOR da parte, Nome do. Título da parte. In: AUTOR, Nome do. *Título do manual, ou do guia, ou do catálogo*: subtítulo. Número da edição. Cidade de publicação: Editora, ano. Intervalo de páginas. (ou) Número do volume, intervalo de páginas. (ou) CD-ROM. (Nome da série ou coleção). Notas. Disponível em: http: URL de acesso. Acesso em: dia mês abreviado ano.

Exemplos

ASSOCIAÇÃO BRASILEIRA DE NORMAS TÉCNICAS (ABNT). Sistema de chamada. In: *NBR 10520*: informação e documentação: citações em documentos: apresentação. Rio de Janeiro, 2002. p.3-5.

CINEMATECA brasileira: 1946. In: FERNANDES, Paula Porta (Coord.). *Guia dos documentos históricos da cidade de São Paulo*: 1554-1954. São Paulo: Hucitec, 1998. p.203-4.

1.2.5 Parte de Bíblia

BÍBLIA, N.T. ou A.T. Título da parte. In: BÍBLIA. Idioma. *Título*: subtítulo. Tradução de ou versão de. Número da edição. Cidade de publicação: Editora, ano. Capítulo, Número do versículo. Notas. CD-ROM número. (ou) Disponível em: http: URL de acesso. Acesso em: dia mês abreviado ano.

Orientações específicas

a) Indicar se a parte referenciada é do Novo Testamento ou Antigo Testamento.
b) Indicar no formato: cap.8, vers.2, ou cap.7, vers.6-8, 12, seguido de ponto.
c) Para os demais elementos, verificar as *Orientações gerais* para referências de Bíblia (p.28).

Exemplos

BÍBLIA, A.T. Gênesis. In: BÍBLIA. Português. *Bíblia sagrada*: contendo o Antigo e o Novo Testamento. Tradução de João Ferreira de Almeida. 2.ed. Santo André: Geográfica, 2002. cap.15, vers.1-6.

BÍBLIA, N.T. O santo evangelho segundo S. João. In: BÍBLIA. Português. *Bíblia sagrada*: contendo o Antigo e o Novo Testamento. Tradução de João Ferreira de Almeida. 2.ed. Santo André: Geográfica, 2002. cap.5, vers.13-15.

1.2.6 Separata

AUTOR da parte, Nome do. Título da parte. Separata de: AUTOR do livro, Nome do. *Título do livro*: subtítulo. Número da edição. Cidade de publicação: Editora, Ano. Intervalo de páginas. (ou) Número de CD-ROM. (Nome da série ou coleção). Notas. Disponível em: http: URL de acesso. Acesso em: dia mês abreviado ano.

Orientações específicas

a) Indicar o termo Separata de, no idioma do original, seguido de dois-pontos.
b) Para os demais elementos, verificar as *Orientações gerais* para referências de partes de monografias (p.28).

Exemplo

DACANAL, José Hildebrando. A nova classe no poder. Separata de: DACANAL, José Hildebrando; WEBER, João Hernesto. *A nova classe*: o governo do PT no Rio Grande do Sul. Porto Alegre: Novo Século, 1999. 126p.

2 Periódico

Orientações gerais

a) O título do artigo deverá ser grafado com as iniciais minúsculas, exceto nos casos em que a gramática do idioma de origem exija letras maiúsculas.
b) Esta norma indicará, preferencialmente, o nome do periódico por extenso. Ver Parte 2, item 2.2 (p.96).
c) Nome da cidade deve ser grafado conforme o original.
d) Usar os seguintes formatos: v.3 ou ano 3, n.5, p.150-63, 1995. Ver Parte 2, item 7.2 (p.107).
e) Se a data de publicação do periódico incluir meses ou estações do ano, estas devem ser grafadas no idioma original.
f) Em caso de documento eletrônico, o mês de acesso deverá ser abreviado conforme o Quadro 1 (p.104).

2.1 Coleção de periódico

NOME DO PERIÓDICO. Cidade de publicação: Editora, ano do primeiro número-ano do último número (para coleção encerrada). Periodicidade. ISSN (quando houver). Número de CD-ROM. (ou) Disponível em: http: URL de acesso. Acesso em: dia mês abreviado ano.

Orientações específicas

a) Indicar os anos de publicação no formato 1934-1998, sendo o ano inicial de publicação, seguido do ano final de publicação (para publicações encerradas), separados por hífen, sem espaços e finalizados por ponto. No caso de publicação em curso, usar 1973-, sendo o ano inicial da publicação, seguido de hífen, espaço e ponto.
b) Para os demais elementos, verificar as *Orientações gerais* para referências de periódicos (p.35).

Exemplos

ANGLE ORTHODONTIST. Apleton: Edward H. Angle Society of Orthodontia, 1931-2001. Bimestral. ISSN 0003-3219.
Cadernos de Saúde Pública. Rio de Janeiro: Escola Nacional de Saúde Pública Sergio Arouca: Fundação Oswaldo Cruz, 1985- . Mensal. ISSN 1678-4464. Disponível

em: http://www.scielo.br/scielo.php?script=sci_issues&pid=0102-311X&lng=pt&nrm=iso. Acesso em: 20 jan. 2007.

GRAGOATÁ. Niterói: EDUFF, 1996- . Anual. ISSN 1413-9073.

2.2 Fascículo ou número de periódico no todo

2.2.1 Sem autor, sem título próprio

NOME DO PERIÓDICO. Cidade de publicação: Editora, número do volume ou ano, número do fascículo, ano de publicação. Número de páginas. (ou) número de CD-ROM. Notas. Disponível em: http: URL de acesso. Acesso em: dia mês abreviado ano.

Orientações específicas

a) O nome do periódico deve ser grafado com todas as letras maiúsculas e sem outro destaque.
b) Para os demais elementos, verificar as *Orientações gerais* para referências de periódicos (p.35).

Exemplo

AMERICAN JOURNAL OF EDUCATION. Chicago: The University of Chicago Press, v.107, n.4, Aug. 1999. 107p.

2.2.2 Sem autor, com título próprio

TÍTULO do volume ou do fascículo, ou do número especial, ou do suplemento. *Nome do Periódico*, Cidade de publicação, número do volume ou ano, número do fascículo, ano de publicação. Número de páginas. (ou) Número de CD-ROM. Notas. Disponível em: http: URL de acesso. Acesso em: dia mês abreviado ano.

Orientações específicas

a) A primeira palavra do título do volume deve ser grafada com todas as letras maiúsculas.
b) As demais palavras do título do volume deverão ser grafadas em letras minúsculas, exceto nos casos em que a gramática do idioma de origem exija maiúscula.
c) Para os demais elementos, verificar as *Orientações gerais* para referências de periódicos (p.35).

Exemplo

EXCELÊNCIAS: estética e prótese. *JBD: revista ibero-americana de odontologia estética*, Curitiba, v.5, n.18, abr./jun. 2006.

2.3 Artigo de periódico

AUTOR do artigo, Nome do. Título do artigo. *Nome do Periódico*, Cidade de publicação, número do volume ou ano, número do fascículo, página inicial-final, mês abreviado (ou outra divisão do ano) ano. Notas. Número de CD-ROM. (ou) Disponível em: http: URL de acesso. Acesso em: dia mês abreviado ano.

Exemplos

BULHÕES, Octavio Gouvêia. Disponibilidade do capital nacional e inversões estrangeiras. *Revista do Conselho Nacional de Economia*, Rio de Janeiro, v.4, n.35, p.63-8, set./out. 1955.

DAL-BIANCO, Karen et al. Effects of moisture degree and rubbing action on the immediate resin–dentin bond strength. *Dental Materials,* Kidlinton, v.22, n.12, p.1150-6, Dec. 2006. Disponível em: http://www.sciencedirect.com/science?_ob= ArticleURL&_udi=B6VP3-4J021SC-3&_user=972052&_handle=V-WA-A-W-AZ-MsSAYVA-UUA-U-AAZDAECEDZ-AAZVDDZDDZ-AUWAZWAAD-AZ-U&_fmt=full&_coverDate=12%2F31%2F2006&_rdoc=13&_orig=browse&_srch= %23toc%236195%232006%23999779987%23636494!&_cdi=6195&_acct= C000049647&_version=1&_urlVersion=0&_userid=972052&md5= 37f85c3133c7bc0ea7e9b83f3a40cead[r1]. Acesso em: 28 nov. 2006.

FONSECA, Marília. O Banco Mundial como referência para a justiça social no terceiro mundo: evidências do caso brasileiro. *Revista da Faculdade de Educação*, São Paulo, v.24, n.1, 1998. Disponível em: http://www.scielo.br/scielo.php?script =sci_arttext&pid= S0102-25551998000100004&lng=pt&nrm=iso. Acesso em: 18 nov. 2006.

2.3.1 Artigo de periódico com fórmula

Exemplo

AOYAGI, Yoshihiro; YAMASHITA, Koichi; DOI, Yoshiharu. Thermal degradation of poly[(R)-3-hydroxybutyrate], poly[e-caprolactone], and poly[(S)-lactide]. *Polymer Degradation and Stability*, Amsterdam, v.76, n.1, p.53-9, 2002.

2.3.2 Artigo de periódico cuja numeração de páginas é expressa com números e letras

Exemplo

FOX, Donald L. Air pollution. *Analytical Chemistry*, Washington, v.71, n.12, p.109R-11R, 1999.

2.3.3 Artigo publicado em número especial

AUTOR do artigo, Nome do. Título do artigo. *Título do Periódico*, Cidade de publicação, número do volume ou ano, número do fascículo, página inicial-final, mês abreviado (ou outra divisão do ano) ano. Notas (indicar aqui que o artigo está em fase de publicação). Número de CD-ROM. Disponível em: http: URL de acesso. Acesso em: dia mês abreviado ano.

Orientações específicas

a) As indicações de suplemento especial, número especial, entre outros, devem ser feitas por extenso, no campo Notas, no idioma do documento. Ver Quadro 4 (p.111).

b) Para os demais elementos, verificar as *Orientações gerais* para referências de periódicos (p.35).

Exemplos

BURGUIERE, E. Analyse critique des explications des difficultés scolaires. Enfance, Paris, n.4-5, p.275-82, 1980. Numéro spécial.

OXMAN, Andrew D. You cannot make informed choices without information. Journal of Rehabilitation Medicine, Abingdon, v.36, p.5-7. Feb. 2004. Supplement 43.

2.3.4 Artigos em fase de publicação

AUTOR do artigo, Nome do. Título do artigo. *Nome do Periódico*, Cidade de publicação, número do volume ou ano, número do fascículo, página inicial-final, mês abreviado (ou outra divisão do ano) ano. Número de CD-ROM. Notas (indicar neste espaço que o artigo está em fase de publicação). Disponível em: http: URL de acesso. Acesso em: dia mês abreviado ano.

Orientações específicas

a) Indicar no campo Notas que o artigo está em fase de publicação, no idioma do periódico, de acordo com o Quadro 3 (p.111).

b) Para os demais elementos, verificar as *Orientações gerais* para referências de periódicos (p.35).

Exemplos

PEITSARO, Nina et al. Identification of zebrafish histamine H_1, H_2 and H_3 receptors and effects of histaminergic ligands on behavior. *Biochemical Pharmacology*, Amsterdam, 2007. In press.

TEIXEIRA JUNIOR, Antônio Lúcio; CARAMELLI, Paulo. Apatia na doença de Alzheimer. *Revista Brasileira de Psiquiatria*, São Paulo, 2007. No prelo.

2.3.5 Artigo publicado em bibliografia ou *abstract*

AUTOR do artigo, Nome do. Título do artigo. *Nome do Periódico*, Cidade de publicação, número do volume ou ano, número do fascículo, página inicial-final, mês abreviado (ou outra divisão do ano) ano. In: PRODUTOR. *Título da bibliografia ou abstract*. Versão. Cidade: Editor, ano. (ou) Cidade, v., n., p. (se for publicação periódica). Número de CD-ROM. Notas. Disponível em: http: URL de acesso. Acesso em: dia mês abreviado ano.

Orientações específicas

a) Indicar a instituição ou empresa responsável pela bibliografia ou *abstract*.
b) Indicar o termo bibliografia ou *abstract* no idioma original.
c) Para os demais elementos, verificar as *Orientações gerais* para referências de periódicos (p.35).

Exemplo

ARTHUR, John. Freedom of Speech. *Phylosophical Books*, Lancaster, v.38, p.225-34, Oct. 1997. In: CAMBRIDGE SCIENTIFIC ABSTRACTS. *Sociological Abstracts*, Bethesda, v.47, n.3, p.1677, June 1999. Abstract SA07974.

2.3.6 Separata em periódico

AUTOR do artigo, Nome do. Título do artigo. Separata de: *Título do Periódico*, Cidade de publicação, volume ou ano, fascículo, página inicial-final, mês abreviado ano. (ou) número de CD-ROM. Notas. Disponível em: http: URL de acesso. Acesso em: dia mês abreviado ano.

Orientações específicas

a) Indicar o termo Separata de, no idioma do original, seguido de dois-pontos (:).

b) Para os demais elementos, verificar as *Orientações gerais* para referências de separatas (p.32).

Exemplos

FEIGL, Fritz. Spot test for formanilide and benzoin. Reprinted from: *Analytica Chimica Acta*, Amsterdam, v.32, p.190-1, 1965.

FRANCO, Rui Ribeiro. Notas de técnica: sobre um novo conoscópio de fácil construção. Separata de: *Ciência e Cultura*, São Paulo, v.4, n.1-2, p.44-6, 1952.

2.3.7 Artigo de jornal

AUTOR do artigo, Nome. Título do artigo. *Título do Jornal*, Cidade de publicação, dia, mês abreviado ano. Número ou Título do Caderno, Seção ou Suplemento, número da página inicial-página final. Disponível em: http: URL de acesso. Acesso em: dia mês abreviado ano.

Orientações específicas

a) Quando não houver identificação do autor, deve-se iniciar a referência pelo título do artigo com a primeira palavra grafada em letras maiúsculas e as demais em minúsculas.

b) Quando o artigo ou matéria não estiver em caderno, seção ou suplemento, a indicação da paginação deverá preceder a data. Usar o formato p.32, sem espaço após o p.

c) Para os demais elementos, verificar as *Orientações gerais* para referências de periódicos (p.35).

Exemplo

a) Com indicação de caderno
CYPRIANO, Fabio. Mostra no Rio impulsiona experimentação em obras inéditas. *Folha de S. Paulo*, São Paulo, 5 dez. 2006. Ilustrada, p.E5.

b) Sem indicação de caderno
CARVALHO, Carlos Eduardo. As finanças públicas como palco de disputas e conflitos. *Jornal dos Economistas*, Rio de Janeiro, p.6, set. 2006.

c) Sem autor
CONFIRA os indicados ao 64º Globo de Ouro: o filme *Babel*, dirigido pelo mexicano Alejandro González Iñarritu, é o favorito. *O Estado de S.Paulo*, São Paulo, 6 dez. 2006. Cinema. Disponível em: http://www.estadao.com.br/arteelazer/cinema/noticias/2006/dez/14/172.htm. Acesso em: 15 dez. 2006.

3 Publicações de eventos

Incluem-se nesta categoria: congresso, simpósio e seminário, entre outros.

Orientações gerais

a) Para o número do evento, usar algarismos arábicos, seguidos da abreviação no idioma do evento. Em português, usar ponto após o número. Ex.: 1st ou 2.
b) Ao escrever o nome da publicação, utilizar reticências para não repetir o título do evento.
c) Usar o formato 365p., sem espaço entre o número e o p. da abreviatura de página ou 3v. também sem espaço, ou 1 disquete, ou 1 CD-ROM. Ver Parte 2, item 7.1 (p.107).
d) Para a inserção de dados que melhor identifiquem o documento referenciado. Ver Parte 2, item 9 (p.111).
e) Abreviar o mês de acesso de acordo com o Quadro 1 (p.104).

3.1 Publicação de evento no todo

Incluem-se nesta categoria o conjunto total de documentos apresentados em eventos (anais, *proceedings*, resumos, *abstracts*, atas e resultados, entre outros).

NOME DO EVENTO, Número do evento, ano de realização do evento, Cidade de realização do evento. *Anais...* (ou) *Proceedings...* (ou) *Resumos...* Cidade de publicação: Editora, ano de publicação. Número de páginas ou volumes. (ou) Número de CD-ROM. Notas. Disponível em: http: URL de acesso. Acesso em: dia mês abreviado ano.

Exemplos

SIMPÓSIO DE PESQUISA E INTERCÂMBIO CIENTÍFICO DA ASSOCIAÇÃO NACIONAL DE PESQUISA E PÓS-GRADUAÇÃO EM PSICOLOGIA, 10, 2004, Aracruz. *Resumos...* Aracruz: ANPEPP, 2004. 135p.
BRAZILIAN MEETING ON INORGANIC CHEMISTRY, 9th, 1998, Angra dos Reis. *Abstracts...* [S.l: s.n.], [1998]. 256p.
CONGRESSO INTERNACIONAL DE TINTAS, 7., 2001, São Paulo. *Anais...* São Paulo: ABRAFATI, 2001, 2v.
INTERNATIONAL CONGRESS ON CATALYSIS, 10th, 1992, Budapest. *Preprint and Abstract Book*. Budapest: Institute of the Hungarian Academy of Sciences, 1992. 369p.

INTERNATIONAL WORKSHOP ON FOURIER TRANSFORM INFRARED SPECTROSCOPY, 2nd, 1992, Antwerp. *Proceedings...* Wilrijk: Department of Chemistry, University of Antwerp, 1992. 351p.

3.1.1 Publicação de eventos simultâneos

NOME DO EVENTO 1, número do evento1; NOME DO EVENTO 2, número do evento2, Ano de realização do evento, Cidade de realização do evento. *Anais...* (ou) *Proceedings...* (ou) *Resumos...* Cidade de publicação: Editora, ano de publicação. Número de páginas ou volumes.(ou) Número de CD-ROM. Notas. Disponível em: http: URL de acesso. Acesso em: dia mês abreviado ano.

Exemplo

INTERNATIONAL SYMPOSIUM ON NATURAL POLYMERS COMPOSITES, 5th; BRAZILIAN SYMPOSIUM ON THE CHEMISTRY OF LIGNINS AND OTHER WOOD COMPONENTS, 8th, 2004, Águas de São Pedro. [*Trabalhos apresentados*]. São Carlos: Embrapa Instrumentação Agropecuária: ABPol, 2004. 1 CD-ROM.

3.1.2 Publicação de evento como fascículo especial de periódico

NOME DO EVENTO, Número do evento, ano de realização do evento, Cidade de realização do evento. *Título do Periódico,* Cidade de publicação: Editora, Número do volume ou ano, número do fascículo, intervalo de páginas, ano de publicação. Número de páginas ou volumes. Número de CD-ROM. Notas. Disponível em: http: URL de acesso. Acesso em: dia mês abreviado ano.

Exemplo

ENCONTRO DE EDITORES DE PERIÓDICOS DA ÁREA DA SAÚDE, 1., 1997. São Paulo. *Acta Cirúrgica Brasileira*, São Paulo, v.12, n.3, jul./set. 1997. Edição Comemorativa: 10. Aniversário da SOBRADPEC. Disponível em: http://www.scielo.br/scielo.php?script=sci_arttext&pid=S0102-86501997000300001&lng=pt&nrm=iso. Acesso em: 22 maio 2007.

3.2 Publicação de parte de evento

AUTOR do trabalho, Nome do. Título do trabalho. In: NOME DO EVENTO, Número do evento, ano de realização do evento, Cidade de realização do evento.

Anais... (ou) *Proceedings...* (ou) *Resumos...* Cidade de publicação: Editora, ano de publicação. Número de páginas ou volumes. Intervalo de páginas. Número de disquetes. (ou) Número de CD-ROM. Notas. Disponível em: http: URL de acesso. Acesso em: dia mês abreviado ano.

Exemplo

BANKS-LEITE, Luci. Discurso argumentativo, (re)significação e construção de conhecimentos em história. In: SIMPÓSIO DE PESQUISA E INTERCÂMBIO CIENTÍFICO DA ASSOCIAÇÃO NACIONAL DE PESQUISA E PÓS-GRADUAÇÃO EM PSICOLOGIA, 10., 2004, Aracruz. *Resumos...* Aracruz: ANPEPP, 2004. p.32-3.

3.3 Referência de pôster de evento

AUTOR DO PÔSTER, Nome do. *Título do pôster*: subtítulo. Descrição física do pôster. In: NOME DO EVENTO, Número do evento, ano de realização do evento, Cidade de realização do evento. *Anais...* (ou) *Proceedings...* (ou) *Resumos...* Cidade de publicação: Editora, ano de publicação. Número de páginas ou volumes. Intervalo de páginas. Número de CD-ROM. Notas. Disponível em: http: URL de acesso. Acesso em: dia mês abreviado ano.

Orientações específicas

a) Especificar características físicas do pôster: dimensões (... cm x ... cm) e cores (colorido ou preto e branco), número de *slides*.
b) Para os demais elementos, verificar as *Orientações gerais* para referências e publicações de eventos (p.41).

Exemplo

SILVA, Daniela Balbino; DUARTE, Márcia Nunes. *A intertextualidade no anúncio publicitário*. 1 pôster, 80 cm x 120 cm, color. In: CONGRESSO NACIONAL DE LINGUÍSTICA E FILOLOGIA, 8., 2004, Rio de Janeiro. Disponível em: www.filologia.org.br. Acesso em: 20 jan. 2007.

4 Patente

4.1 Documento original

Orientações gerais

a) Todas as informações devem ser transcritas no idioma original.
b) Abreviar o mês de acesso de acordo com o Quadro 1 (p.104).

4.1.1 Quando o responsável pela patente é uma entidade

NOME DA ENTIDADE RESPONSÁVEL (Cidade ou país). Nome do autor ou inventor. *Título da invenção*. Classificação internacional de patentes (sigla do país seguido do número de depósito), dia mês abreviado ano do depósito, dia mês abreviado ano da publicação do pedido de privilégio ou carta patente. (ou) Número de CD-ROM. (ou) Disponível em: http: URL de acesso. Acesso em: dia mês abreviado ano.

Orientações específicas

a) Transcrever o nome da entidade responsável e do autor pela patente na forma direta.
b) Para os demais elementos, verificar as *Orientações gerais* para referências de patentes (p.45).

Exemplos

BIODIESEL INDUSTRIES (United States). Russell Teall; Ronald Franklin Sickels. *Biodiesel production unit*. Appl. 10/098,737, Mar. 2002. US 69794, 26 Dec. 2005. 15p.
CENDRES ET METAUX SA (Biel). Jens Fischer. *High gold content biocompatible dental alloy*. US 5853661, 24 Dec. 1996, 29 Dec. 1998. 1 CD-ROM.
IMPERIAL CHEMICAL INDUSTRIES PLC (London). David Ronald Hodgson; Francis Rourke. *Cathode for use in electrolyte cell*. US 6017430, 06 Aug. 1997, 25 Jan. 2000. Disponível em: http://164.195.100.11/netacgi/nph-Parser?Sect1=PTO2&Sect2=HITTOFF&p=1&u=/netahtml/srchnum.htm&r=1&f=G&l=5O&s1=6017430x. Acesso em: 14 dez. 2006.

4.1.2 Quando o responsável pela patente é o inventor

INVENTOR, Nome do. *Título da invenção*. Classificação internacional de patentes (sigla do país seguido do número de depósito), dia mês abreviado ano do depósito, dia mês abreviado ano da publicação do pedido de privilégio ou carta patente. (ou) Número de CD-ROM. (ou) Disponível em: http:URL de acesso. Acesso em: dia mês abreviado ano.

Orientações específicas

a) Transcrever o nome do inventor na ordem indireta (ver Parte 2, item 1.1, p.89).
b) Para os demais elementos, verificar as *Orientações gerais* para referências de patentes (p.45).

Exemplo

ZAZUR, Ivo. Método para fabricação de um fio binado tendo um determinado grau de elasticidade para utilização na indústria de tecelagem e aparelho para realização do referido processo. BR PI 9706314-2, 23 dez. 1997, 4 dez. 1998. Resumo. Disponível em: http://www.inpi.gov.br. Acesso em: 20 jan. 2006.

4.2 Documento reproduzido

NOME DA ENTIDADE RESPONSÁVEL (Cidade ou país). Nome do autor ou inventor. *Título da invenção*. Classificação internacional, dia mês abreviado ano do depósito, dia mês abreviado ano da publicação do pedido de privilégio ou carta patente. In: PRODUTOR. *Título da publicação onde foi reproduzida a patente*. Versão. Cidade: Editor, ano. (ou) Número de CD-ROM. Notas. Disponível em: http: URL de acesso. Acesso em: dia mês abreviado ano.

Orientações específicas

a) Autoria: transcrever o nome do autor ou inventor, na ordem direta.
b) Fazer a referência do documento onde foi feita a citação, de acordo com as normas específicas para este tipo de documento – parte de monografia ou artigo de periódico.
c) Para os demais elementos, verificar as *Orientações gerais* para referências de patentes (p.45).

Exemplo

ENERGY BIOSYSTEM CORPORATION (Texas). William M. Haney; Daniel J. Monticello. A biocatalytic process for reducing petroleum viscosity. US 5529930, 28 May 1993, 25 June 1996. Process Biochemistry, London, v.32, n.2, p.159-60, 1997.

5 Documento jurídico

Incluem-se nesta categoria: legislação, jurisprudência e doutrina, entre outros.

5.1 Legislação

Incluem-se nesta categoria: lei, decreto, portaria, resolução e parecer, entre outros.

Orientações gerais

a) O autor é a esfera de decisão em que a lei é elaborada. Para documentos nacionais, o autor é BRASIL. Para estaduais, o nome da unidade federativa (por exemplo, SÃO PAULO). Para documentos municipais, o nome da cidade (ver Parte 2, item 1.2.2, p.91).

b) Quando o nome da unidade federativa se confunde com o de um município, usa-se a indicação (Estado) ou (município) após a entrada do autor. Por exemplo: SÃO PAULO (Estado); RIO DE JANEIRO (município).

c) Usar o formato 365p., sem espaço entre o número e o p. da abreviatura de página, ou 3v. também sem espaço (ver Parte 2, item 7.1, p.107)

d) Para incluir dados que melhor identifiquem o documento referenciado, veja a Parte 2, item 9 (p.111).

e) Abreviar o mês de acesso de acordo com o Quadro 1 (p.104).

5.1.1 Constituição

NOME DO PAÍS. Constituição (ano de promulgação). *Título*: subtítulo. Cidade de publicação: Editora, ano de publicação. Número de páginas ou volumes. Número de disquetes. (ou) Número de CD-ROM. (Nome da série ou coleção). Notas. Disponível em: http: URL de acesso. Acesso em: dia mês abreviado ano.

Exemplos

BRASIL. Constituição (1988). *Constituição da República Federativa do Brasil*: promulgada em 5 de outubro de 1988. 4.ed. São Paulo: Saraiva, 1990. 168p. (Série Legislação Brasileira). Organização de Juarez de Oliveira.

BRASIL. Constituição (1988). *Constituição da República Federativa do Brasil*: promulgada em 5 de outubro de 1988. Texto consolidado até a Emenda Constitucional nº 47 de 5 de julho de 2005. Disponível em : http://www6.senado.gov.br/con1988/CON1988_05.07.2005/CON1988.htm. Acesso em: 29 set. 2006.

BRASIL. Constituição (1988). *Constituição da República Federativa do Brasil*: promulgada em 5 de outubro de 1988. Brasília, DF: Senado Federal, 1998. 1 CD-ROM.

5.1.2 Lei, decreto, portaria, resolução e parecer, entre outros

NOME DO PAÍS, ESTADO ou MUNICÍPIO. (Estado) ou (Cidade) se homônimos. Lei ou Decreto ou Portaria ou Resolução número, dia mês e ano. Descrição da lei ou decreto ou portaria ou resolução. Referência do documento onde foi publicada ou citada, ou reproduzida a Lei ou Decreto, ou Portaria, ou Parecer.

Orientações específicas

a) Fazer a referência do documento onde foi feita a publicação ou citação ou reprodução, de acordo com as normas específicas para este tipo de documento – parte de monografia ou artigo de periódico.

b) Para os demais elementos, verificar as *Orientações gerais* para referências de legislação (p.47).

Exemplos

a) Decreto, Lei

SÃO PAULO (Estado). Decreto nº 51.141 de 28 de setembro de 2006. Dispõe sobre a abertura de crédito suplementar aos orçamentos fiscal e seguridade social em diversos órgãos da administração pública, visando ao atendimento de despesas correntes. *Diário Oficial do Estado de São Paulo*, Poder Executivo, São Paulo, v.116, n.186, 2006. Seção I, p.1.

BRASIL. Lei nº 11.301, de 10 de maio de 2006. Altera o art. 67 da Lei n. 9.394, de 20 de dezembro de 1996, incluindo, para os efeitos do disposto no §5 do art. 40 e no §8 do art. 21 da Constituição Federal, definição de funções de magistério. Disponível em: https://www.planalto.gov.br/ccivil_03/_Ato2004-2006/2006/Lei/L11301.htm. Acesso em: 29 set. 2006.

BRASIL. Lei nº 9.468, de 10 de julho de 1997. Institui o programa de desligamento voluntário de servidores civis do Poder Executivo Federal e dá outras providências. LIS: legislação informatizada Saraiva, São Paulo, n.45, abr./maio 2001. 1 CD-ROM.

b) Parecer

LENZ, Luís Alberto Thompson Flores. Conflito de coisas julgadas. (Parecer). *Revista de Processo*, São Paulo, v.31, n.14, p.251-67, dez. 2006.

BRASIL. Senado Federal. *Parecer da Comissão de Assuntos Econômicos*, sobre o Projeto de Lei do Senado Federal nº 163 de 2000, que autoriza a criação Fundo de

Apoio à Cultura do Caju-FUNCAJU e dá outras providências. Parecer nº 200. Relator: Wellington Roberto. Disponível em: http://www.senado.gov.br/web/senador/luizpontes/lp_no_senado/projetos/PLS/2000/Parecer%20ao%20PLS163-00%20na%20CAE.htm. Acesso em: 29 set. 2006.

c) Portarias

BRASIL. Ministério da Justiça. *Portaria nº 1.100*, de 14 de julho de 2006. Regulamenta o exercício da Classificação Indicativa de diversões públicas, especialmente obras audiovisuais destinadas a cinema, vídeo, DVD, jogos eletrônicos, jogos de interpretação (RPG) e congêneres. Disponível em: http://www.mj.gov.br/classificacao/portaria%201100.htm. Acesso em: 20 dez. 2006.

d) Resolução

BRASIL. Congresso. Senado. Resolução nº 10, de 7 de março de 2006. Suspende a execução do art. 17 e seu parágrafo único da Lei Municipal 6.750, de 2 de março de 1988, que deu nova redação à Lei Municipal de Goiânia. *Revista dos Tribunais*, São Paulo, ano 95, p.239, 2006.

5.1.3 Jurisprudência

Incluem-se nesta categoria: decisão judicial, súmula, acórdão, enunciado, sentença e demais decisões judiciais.

NOME DO PAÍS, ESTADO ou MUNICÍPIO. Título número. Tipo de parte envolvida1: nome. Tipo de parte envolvida2: nome. Cidade, dia mês e ano. Referência do documento onde foi publicada, ou citada, ou reproduzida, a jurisprudência.

Orientações gerais

a) O autor é a esfera de decisão em que a lei é elaborada. Para documentos nacionais, o autor é BRASIL. Para estaduais, o nome da unidade federativa (por exemplo, SÃO PAULO). Para documentos municipais, o nome da cidade (ver Parte 2, item 1.2.2, p.91).

b) Quando o nome da unidade federativa se confunde com o de um município, usa-se a indicação (Estado) ou (município) após a entrada do autor. Por exemplo: SÃO PAULO (Estado); RIO DE JANEIRO (município).

c) O título refere-se à natureza da decisão ou ementa.

d) O número deve ser indicado como se apresenta na publicação.

e) Indicar o tipo de parte envolvida: apelante, apelada entre outros, seguido de dois pontos.

f) Os nomes das partes envolvidas e relator devem ser citados na ordem direta, seguidos de ponto.

g) O mês deve ser escrito por extenso.

h) Fazer a referência do documento onde foi feita a publicação ou citação ou reprodução, de acordo com as normas específicas para este tipo de documento – parte de monografia ou artigo de periódico.

Exemplo

a) Súmula

BRASIL. Supremo Tribunal Federal. Súmula nº 421: não impede a extradição a circunstância de ser o extraditando casado com brasileira ou ter filho brasileiro. In: DELMANTO, Celso et al. *Código penal comentado*. 6.ed. rev. ampl. Rio de Janeiro: Renovar, 2002. p.1016. Acompanhado de comentários, jurisprudência, súmulas em matéria penal e legislação complementar.

b) Acórdão

BRASIL. Superior Tribunal de Justiça. Ação Rescisória que ataca apenas um dos fundamentos do julgado rescindendo, permanecendo subsistentes ou outros aspectos não impugnados pelo autor. Ocorrência, ademais, de imprecisão na identificação e localização do imóvel objeto da demanda. Coisa Julgada. Inexistência. Ação de Consignação em pagamento não decidiu sobre o domínio e não poderia fazê-lo, pois não é de sua índole conferir a propriedade a alguém. Alegação de violação da lei e de coisa julgada repelida. Ação rescisória julgada improcedente. Acórdão em ação rescisória nº 75-RJ. Manoela da Silva Abreu e Estado do Rio de Janeiro. Relator: Ministro Barros Monteiro. DJ, 20 novembro de 1989. Lex: coletânea de legislação e jurisprudência, São Paulo, v.54, n.5, p.7-14, jan. 1990.

c) *Habeas corpus*

BRASIL. Supremo Tribunal Federal. Invalidade da prisão civil por dívida fora a única hipótese do devedor de alimentos. Crime contra ordem tributária. *Habeas Corpus nº 74.383-8*. Minas Gerais. Relator: Ministro Marco Aurélio. Disponível em: http://www.teiajuridica.com. Acesso em: 3 set. 2006.

5.2 Doutrina

Incluem-se nesta categoria toda e qualquer discussão técnica sobre questões legais.

Esse tipo de documento jurídico pode ser publicado em monografia e artigo de periódico, entre outros, portanto, sua referenciação deve seguir as normas específicas de cada tipo de documento.

Exemplos

GARCIA, Gustavo Filipe Barbosa. Novas considerações sobre a prescrição do empregado rural. *Síntese Trabalhista*, Porto Alegre, ano 16, n.19, p.5-12, abr. 2005.

SANTOS, Moacyr Amaral. Classificação das ações quanto à providência jurisdicional. In: _____. *Primeiras linhas de direito processual civil.* São Paulo: Saraiva, 1999. v.1, cap.16, p.174. Atualizado de acordo com a lei nº 9.756, de 17 de dezembro de 1998.

SMANIO, Gianpaolo Poggio. *Tutela penal os interesses difusos.* São Paulo: Complexo Jurídico Damásio de Jesus. Disponível em: http://www.damasio.com.br/?page_name=art_007_2000&category_id=36. Acesso em: 28 nov. 2006.

6 Documento cartográfico

Incluem-se nesta categoria: atlas, mapas, fotografias aéreas e cartas, entre outros.

AUTOR, Nome do. *Título do documento cartográfico*: subtítulo. Cidade de publicação: Editora, ano. Número e tipo de documento, indicação de cor, dimensão. Escala. Número de CD-ROM. (Nome da série ou coleção). Notas. Disponível em: http: URL de acesso. Acesso em: dia mês abreviado ano.

Orientações gerais

a) Indicação é cor é informação opcional. Indicar se julgar importante somente colorido no formato "color".
b) Dimensão é informação opcional. Indicar se julgar importante, no formato altura x largura em cm x cm.
c) Para a inclusão de dados que melhor identifiquem o documento referenciado, ver Parte 2, item 9 (p.111).
d) Indicar a escala no seguinte formato: número:número. (sem espaços antes e depois do dois-pontos, seguido de ponto).
e) Abreviar o mês de acesso de acordo com o Quadro 1 (p.104).

6.1 Atlas

Exemplos

ATLAS 2000: a nova cartografia do mundo. São Paulo: Nova Cultural, 1995. 1 atlas.
MOURÃO, Ronaldo Rogério de Freitas. *Atlas celeste*. Petrópolis: Vozes, 1997. 1 atlas. 189p.
SÃO PAULO (Cidade). Secretaria do Verde e do Meio Ambiente. *Atlas ambiental do município de São Paulo*: o verde, o território, o ser humano: diagnóstico e bases para a definição de políticas públicas para áreas verdes... São Paulo: SVMA, 2004. 1 atlas, 257p., il., 30 cm. Acompanha mapas.
UNIVERSIDADE FEDERAL DO RIO GRANDE DO SUL. *Atlas eletrônico de parasitologia*. Disponível em: http://www.ufrgs.br/para-site/alfabe.htm. Acesso em: 29 nov. 2006.

6.2 Mapas

Exemplos

BRASIL. Departamento Nacional da Produção Mineral. *Apiaí:* mapa de afloramentos. São Paulo: CPRM, [1972]. 1 mapa, cópia heliográfica, 85 cm x 62 cm. Escala 1:100.000.

BRESSER, C. A. *Mapa da cidade de São Paulo*. [S.l.: s.n.], 1846. 1 mapa, color., 58,2 cm x 75 cm. Escala gráfica de 3000 palmos. Mostra os caminhos percorridos pelo Imperador. Disponível em: http://catalogos.bn.br/mapas/00100011.gif. Acesso em: 28 nov. 2006.

6.3 Fotografia aérea

BASE AEROFOTOGRAMETRIA E PROJETOS S/A. *Franca/Batatais*: foto aérea. São Paulo, 1990. 1 fotografia aérea. Escala 1:35.000. Fx 11, n.14.

6.4 Globo terrestre

HARIG, K. F. *Scan globe A/S*. Copenhague: Scan Globe Danmark, 1976. 1 globo terrestre, color., 30 cm de diâm. Escala 1:41.849.600.

6.5 Carta topográfica

CARTA topographica das terras intermedias entre a Villa de Pitangui e a Villa do Principe no Serro Frio. [S.l.: s.n.], [17—]. 1 mapa, desenho a tinta ferrogálica, 55 cm x 66 cm. Esboço elaborado por bandeirante anônimo, no primeiro quartel no séc. XVIII. Contém indicação de vilas e cidades. No meio do mapa está assinalado: Capitania geral das Minas. Carimbo da Bibl. Nac. Publ. da Corte. BNC.

PINTO, José da Silva. *Carta topografica da capitania das Alagoas*: que á pedido do illustrissimo Senhor Coronel Francisco Manuel Martins Ramos, comandante dos distritos, das villas de Penedo e do Poxim, trasladou José da Silva Pinto, na villa de Maceyó. [S.l.: s.n.], 1820. 1 mapa, aquarela, desenhado a nanquim, 63 cm x 92 cm.

7 Documento iconográfico

Incluem-se nesta categoria: pintura, gravura, ilustração, fotografia, desenho técnico, diapositivo, transparência e cartaz, entre outros.
Pode ser documento original ou reprodução e desenho técnico.

7.1 Documento original

AUTOR, Nome do. *Título do documento*: subtítulo. Ano. Número e tipo de documento. Número de CD-ROM. (Nome da série ou coleção). Notas. Disponível em: http: URL de acesso. Acesso em: dia mês abreviado ano.

Orientações gerais

a) Indicar o tipo por extenso: tela, fotografia e gravura, entre outros.
b) Para incluir dados que melhor identifiquem o documento referenciado, verificar Parte 2, item 9 (p.111).
c) Abreviar o mês de acesso de acordo com o Quadro 1 (p.104).

Exemplos

7.1.1 Fotografia

FERREZ, Marc. *Bombardeio do dia 13 de setembro 1893*. 1 fotografia, papel albuminado, p&b, 14 cm x 28 cm.

7.1.2 Pintura

LOCATELLI, Anna Eleonor. *Andrea del Sarto*. 1 desenho, crayon; p&b, 18,9 cm x 16,3 cm. Original de arte: desenho da pintura de Andrea del Sarto de março 1818.

7.1.3 Cartaz

QUATRO tendências da gravura contemporânea: Rio de Janeiro, 15 a 30 out. 1992. 1 cartaz, il., monocromático, 30 cm x 43 cm. Programação visual: Christiane Mello & Marcelo Ribeiro. Verso do cartaz: texto de apresentação de Isis Braga.

7.1.4 Diapositivo

PERIODONTIA. Fotografia de A. W. Salum. São Paulo: Medlee, 1993. 72 diapositivos.

7.1.5 Transparência

O QUE acreditar em relação à maconha. São Paulo: Ceravi, 1985. 22 transparências.

7.1.6 Radiografia

MORAES, Luis César. *Arquivo de radiografias cefalométricas*. São José dos Campos: FOSJC, 2001. 83 radiografias.

7.2 Documento reproduzido

AUTOR, Nome do. *Título do documento*: subtítulo. Ano. Número e tipo de documento. (Nome da série ou coleção). Notas. Indicação do documento onde foi feita a reprodução.

Orientações gerais

a) Indicar o tipo por extenso: tela, fotografia, gravura, entre outros.

b) Para incluir dados que melhor identifiquem o documento referenciado, ver Parte 2, item 9 (p.111).

c) Fazer a referência do documento onde foi feita a reprodução, de acordo com as normas específicas para este tipo de documento – parte de monografia ou artigo de periódico.

Exemplo

7.2.1 Cartaz

MELO, Francisco Inacio Scaramelli Homem de. Diversidade e surpresa: cartazes do ADC de Tóquio – seleção de 2000. São Paulo, 2003. *Revista ADG*, São Paulo, n.28, p.77-82, out. 2003.

7.3 Desenho técnico

AUTOR, Nome do. *Título*: subtítulo. Ano. Desenhista: Especificação do documento. Escala. Número de CD-ROM. (Nome da série ou coleção). Nota. Disponível em: http: URL de acesso. Acesso em: dia mês abreviado ano.

Orientações gerais

a) Indicar o nome do desenhista na ordem direta.
b) Indicar a especificação do documento: planta ou desenho técnico, entre outros, número e tipo de suporte (papel vegetal, cópia heliográfica).

c) Indicar a escala no seguinte formato: número:número. (sem espaços antes e depois do dois-pontos, seguido de ponto).

d) Para incluir dados que melhor identifiquem o documento referenciado, ver Parte 2, item 9 (p.111).

Exemplos

SANTORO, F. J. Fachada da capela do Clube Náutico Araraquara situado na Rodovia Comandante João Ribeiro de Barros, km 63, Município de Américo Brasiliense, S.P. 1968. 1 planta. Original em papel vegetal.

CONCHETO, Celso Luiz. Desenho eletroeletrônico industrial. In: _____. Desenho técnico. Disponível em: http://www.google.com.br/search?hl=pt-BR&q=desenho+tecnico+eletronico+modelo&meta=. Acesso em: 13 jun. 2007.

8 Documentos de acesso exclusivo em meio eletrônico

Incluem-se nesta categoria: *home page*, base de dados e programa (*software*), entre outros.

Orientações gerais

a) Para referenciar a instituição ou pessoa responsável intelectual ou comercial, ver Parte 2, item 1 (p.89).
b) Escrever o nome da cidade conforme o original.
c) Abreviar o mês de acesso de acordo com o Quadro 1 (p.104).

8.1 *Home page*

ENTIDADE RESPONSÁVEL. *Título*: subtítulo. Notas. Disponível em: http: URL de acesso. Acesso em: dia mês abreviado ano.

Orientações específicas

a) Notas: indicar os responsáveis pela produção (*web designer* e outros), coordenação, desenvolvimento, apresentação, e outros, quando houver e for necessário para melhor identificação do documento.
b) Para os demais elementos, verificar acima as *Orientações gerais* para referências de documentos eletrônicos.

Exemplos

GOETHE-INSTITUTE. *Goethe-Instituts worldwide*: countries. Disponível em: http://www.goethe.de/ins/wwt/sta/enindex.htm. Acesso em: 22 jan. 2007.

BIBLIOTECA VIRTUAL EM SAÚDE. *Saúde Mental*. BIREME/OPS/OMS. Disponível em: http://saludmental.bvsalud.org/php/index.php. Acesso em: 30 jul. 2009.

8.2 Base de dados

ENTIDADE RESPONSÁVEL PELO SERVIÇO OU PRODUTO. *Título do serviço ou produto*. Versão. Cidade: Editor, ano. (ou) Número de CD-ROM. Notas. Disponível em: http: URL de acesso. Acesso em: dia mês abreviado ano.

Orientações específicas

a) A versão deve ser indicada no idioma do *software* e como aparece no documento.

b) Para os demais elementos, verificar as *Orientações gerais* para referências de documentos eletrônicos (p.59).

Exemplos

ELSEVIER. *Scopus*. Amsterdam, 2006. Disponível em: http://www.scopus.com/scopus/home.url. Acesso em: 29 nov. 2006.
UNITED STATES DEPARTMENT OF AGRICULTURAL. National Agricultural Library. *Agrícola*. Beltsville: NLA, 2008. Disponível em: http://agricola.nal.usda.gov/. Acesso em: 15 jun. 2009.

8.3 Documento indexado em base de dados

REFERÊNCIA do trabalho (artigo de periódico, patente, relatório etc.). In: ENTIDADE RESPONSÁVEL PELO SERVIÇO OU PRODUTO. *Título do serviço ou produto*. Versão. Cidade: Editor, ano. (ou) Número de CD-ROM. Notas. Disponível em: http: URL de acesso. Acesso em: dia mês abreviado ano.

Orientações específicas

a) Fazer a referência do documento citado, de acordo com as normas específicas para este tipo de documento.
b) A versão deve ser indicada no idioma do *software* e como aparece no documento.
c) Para os demais elementos, verificar as *Orientações gerais* para referências de documentos eletrônicos (p.59).

Exemplos

KAO CORPORATION (Japan). Mitsuyoshi Kashiwag; Hidetaka Fujinaka. *Plant extracts for inhibition of skatole formation in oral cavity*. JP 2006298824. A2 Apr. 2005, Nov. 2006. In: AMERICAN CHEMICAL SOCIETY. *Scifinder Scholar*. Version 2006. Columbus, 2005. Abstract AN 2006:996033. Original japonês. Acesso eletrônico por software proprietário.
LOCKHEED MARTIN IDAHO TECHNOLOGIES COMPANY (United States). Kirk J. Dooley; Scott L. Barrie; William J. Buttner. Method and apparatus for detecting organic contaminants in water supplies. WO 9845702 A1, 2 Apr. 1998, 15 Oct. 1998. In: AMERICAN CHEMICAL SOCIETY. Chemical Abstracts. Columbus, 1998. Abstract 129:265113. 1 CD-ROM.
HACKETT, W.P.; LESLIE, C.; McGRANAHAN, G. Acclimatization of in vitro derived plantlets of walnut rootstock clones. Acta Hoticulturae, n.812, p.427-30, FEB. 2009. In: UNITED STATES DEPARTMENT OF AGRICULTURAL. National

Agricultural Library. Agrícola. Beltsville: NLA, 2008. Disponível em: http://agricola.nal.usda.gov/. Acesso em: 15 jun. 2009.

8.4 Programas (*software*)

ENTIDADE RESPONSÁVEL PELO SOFTWARE. *Título:* subtítulo. Versão. Cidade: Editor ou Produtor, ano. (ou) Número de CD-ROM. Notas. Disponível em: http: URL de acesso. Acesso em: dia mês abreviado ano.

Orientações específicas

a) A versão deve ser indicada no idioma do *software* e como aparece no documento.
b) Para os demais elementos, verificar as *Orientações gerais* para referências de documentos eletrônicos (p.59).

Exemplos

ADOBE SYSTEMS INCORPORETED. *Adobe Reader 8*. Version 8.0.0. Disponível em: http://baixaki.ig.com.br/download/Adobe-Reader-portugues-.htm. Acesso em: 12 fev. 2007.
SYMANTEC. *Norton AntiVirus 2007*. Cupertino, 2007. 1 CD-ROM. Plataforma Windows XP.

9 Documento tridimensional

Incluem-se nesta categoria: escultura, maquete, brinquedo e monumento, entre outros.

9.1 Brinquedo

NOME do brinquedo. Cidade: Fabricante, ano. Descrição física. Notas.

Orientações específicas

a) Descrição física: incluir informações de tipo de brinquedo, dimensões, cor e outras informações que identifiquem o objeto.
b) Notas: incluir informações que melhor identifiquem o objeto.

Exemplos

BARBIE Princesa. [S.l.]: Estrela, [199?]. Altura: 18 cm. Faixa etária: a partir de 4 anos.
MODELIX: carros bimodelo. [S.l.]: Leomar Equipamentos, [199?]. Altura: 15 cm, Largura: 19 cm, Comprimento: 5 cm. Faixa etária: a partir de 7 anos. Contém 69 peças.

9.2 Objeto

AUTOR, Nome do. *Título do objeto*. Cidade, ano de criação do objeto. Especificação do objeto. Informações complementares. Notas.
ou
TÍTULO do objeto. Local, ano de criação do objeto. Especificação do objeto. Notas.

Orientações específicas

a) Indicar o tipo do objeto: 1 escultura em bronze, 1 prato de porcelana entre outros.
b) Indicar todas as possibilidades de medida, utilizando a unidade de medida adequada, de forma abreviada de acordo com o Inmetro (Quadro 6, p.148), cor e material, entre outros.
c) Notas: incluir neste campo dados que melhor identifiquem o objeto referenciado.

9.2.1 Escultura

Exemplos

KOSER, Clécios. *Escultura em mármore*. [S.l.], 2000. Altura: 45 cm. Peso: 1.000 g.
STENZEL, Erbo. *Mulher reclinada*. [S.l.], 1941. Escultura em pedra. Localizada no Museu Oscar Niemeyer no Pátio das Esculturas, em Curitiba.

9.2.2 Maquete

Exemplos

BEZZI, Tommaso Gaudenzio. *Maquete do Museu Paulista*. São Paulo. Confeccionada em gesso. O arquiteto Tommaso Gaudenzio Bezzi foi responsável pelo projeto do edifício do Museu entre 1885 e 1890. A maquete pode ser vista na sala dedicada à história do edifício.
A MAQUETE do Trapichão [Rei Pelé]. Maceió, Alagoas. Maquete localizada no Museu dos Esportes. Disponível em: http://www.museudosesportes.com.br/noticia.php?id=18713. Acesso em: 29 nov. 2006.
SEIJIMA, Kazuyo; NISHIZAWA, Ryue. *Maquete do museu de arte contemporânea do século XXI em Kanazawa, Japão*. Disponível em: http://museologia.incubadora. fapesp.br/portal/acervo/museu_kanazawa/photoalbum_photo_view?b_start=3. Acesso em: 29 nov. 2006.

9.2.3 Objeto sem autor

Exemplo

VASO de porcelana pintado à mão. [S.l.], 2000. Altura: 42 cm, Largura: 28 cm, Comprimento: 18 cm. Peso: 5.000 g.

9.2.4 Coleção de objetos

AUTOR, Nome do. *Título da coleção*. Cidade: ano. Especificação do objeto. Descrição física. Notas.

Orientações específicas

a) Se a coleção estiver encerrada: indicar a data inicial e final, separadas por hífen, sem espaços, no formato: (a)ini-(a)fim. Ex.: 1997-1999.

b) Se a coleção não estiver encerrada: indicar a data inicial, seguida de hífen e ponto, no formato: (a)ini- . Ex.: 2001- .

c) Especificação do objeto: indicar o tipo de coleção. Ex.: uma coleção de pratos de porcelana.

d) Descrição física: incluir descrição das características físicas, materiais, técnicas, dimensões e outras.

e) Notas: incluir dados que melhor identifiquem o documento referenciado e informação sobre localização.

Exemplos

JOGO de cerâmica com garrafa e copos-desenho holandês. [S.l.], 2000. Peso: 3.000 g. Contém 1 garrafa e 5 copos.

TELEFONICA. *Animais silvestres 2000*. São Paulo, 2000. Cartões telefônicos.

10 Documento sonoro ou musical

Os elementos essenciais são: compositor(es) ou intérprete(s), título, local, gravadora, data e especificação do suporte.

Incluem-se nesta categoria: discos de vinil (*long play*), compacto simples e compacto duplo, fita cassete, CD-ROM, DVD.

10.1 Documento sonoro ou musical no todo

10.1.1 Único compositor com vários intérpretes

COMPOSITOR, Nome do. *Título*. Intérpretes: nome do intéprete1; nome do intérprete2. Cidade de gravação: Gravadora, ano. Especificação do suporte. (Nome da série ou coleção). Notas.

Orientações específicas

a) Intérpretes: os nomes devem ser citados na ordem direta, seguidos de ponto.

b) Especificação do suporte: indicar o tipo de suporte: *long play*, compacto simples, CD-ROM. Pode ser indicada aqui também a duração.

c) Notas: indicar dados que melhor identifiquem o material referenciado.

Exemplo

VANZOLINI, Paulo. *A música de Paulo Vanzolini*. Intérpretes: Carmen Costa. Paulo Marques. São Paulo: Marcus Pereira, 1974. 1 CD-ROM.

10.1.2 Único intérprete com vários compositores

INTÉRPRETE, Nome do. *Título*. Cidade de gravação: Gravadora, ano. Especificação do suporte. (Nome da série ou coleção). Notas.

Exemplos

BETHÂNIA, Maria. *Que falta você me faz*. Rio de Janeiro: Biscoito Fino, 2005. 1CD-ROM.

CHITÃOZINHO; XORORÓ. *Chitãozinho & Xororó em família*. São Paulo: Polygram, [1992]. 1 CD (50 min). Participações especiais: Roberta Miranda, Fábio Jr., Maurício & Mauri, Rick & Renner e Sandy & Junior.

JOHN, Elton. *Love songs*. [S.l.]: Universal Music, [19—]. 1 CD (72 min). (Millennium Internacional).

NASCIMENTO, Milton. *Nascimento*. Rio de Janeiro: Warner Music Brasil, 1997. 1 CD (47 min).

VELOSO, Caetano. *Doces bárbaros (1975)*. [S. l.]: Universal, 2007. 1 CD (60 min).

VELOSO, Caetano. *Pipoca moderna*. [S.l.]: Universal, 2007. 1 CD (60 min). O CD apresenta raridades do período.

VINICIUS. [São Paulo]: Abril Cultural, 1982. (História da música popular brasileira. Grandes compositores). Acompanha fascículo ilustrado. 1 disco 33 1/3 rpm, vinil 12 pol.

10.1.3 Vários compositores com vários intérpretes

TÍTULO do documento. Intérpretes: nome do intérprete1; nome do intérprete2; nome do intérprete3. Cidade: Gravadora, ano. Especificação do suporte. Notas.

Exemplo

SERTANEJO de ouro. Intérpretes: João Paulo e Daniel, Roberta Miranda, Rick e Renner, Chitãozinho e Xororó, Chrystian e Ralf, Adalberto e Adriano, Rionegro e Solimões, Bruno e Marrone, Leandro e Leonardo, Zezé di Camargo e Luciano, Gian e Giovani e Artur e Rafael. [S.l]: High Tecnology the Best, [199-]. 1 fita cassete (48 min).

10.1.4 Coletânea

TÍTULO do documento. Cidade de gravação: Gravadora, ano. Especificação do suporte. Informações complementares. (Nome da série ou coleção). Notas.

Exemplos

QUARENTA anos Caetano. [S.l.]: Universal, 2007. 11 CD-ROM. 2 caixas.

CAGE, John. *Works for piano and prepared piano*. [S.l.]: WERGO, [1970?]. 4 discos sonoros, digital, estéreo.

10.2 Parte de documento sonoro ou musical

COMPOSITOR da faixa, Nome do. Título da música. Intérprete da faixa:.nome do intérprete. In: Referência do documento que contém a faixa. Faixa n° x.

Orientações específicas

a) Fazer a referência do documento que contém a faixa, de acordo com as normas específicas para este tipo de documento (único compositor ou único intérprete ou coletânea).
b) Para os demais elementos, verificar as *Orientações gerais* para referência de documentos sonoros (p.67).

Exemplo

ANTUNES, Arnaldo. Saiba. Adriana Calcanhoto. In: CALCANHOTO, Adriana. *Adriana partimpim.* São Paulo: BMG, 2004. 1 CD. Faixa 10.

10.3 Partitura

AUTOR, Nome do. *Título da partitura*: subtítulo. Cidade de publicação: Editora, ano. Número de partituras (n° de páginas). Instrumento ou voz. Número de disquetes. (ou) Número de CD-ROM. Notas. Disponível em: http: URL de acesso. Acesso em: dia mês abreviado ano.

Orientações específicas

a) Especificar o número de partituras com numeral arábico.
b) Usar o formato (25p.), sem espaço entre o número e o p., entre parênteses.
c) Indicar o instrumento ou a voz a que se destina.
d) Abreviar o mês de acesso de acordo com o Quadro 1 (p.104).
e) Para os demais elementos, verificar as *Orientações gerais* para referência de documentos sonoros (p.67).

Exemplos

BACH, Johann Sebastian. *Concerto grosso, n° 4, G major* [música]. London: Bärenreiter-Verlag, Kassel, 1956. 1 partitura de bolso (vi, 50p.). Barenreiter. Taschenpartituren. Miniature Scores; n° 6.
BENTIVEGNA, Domingos. *Canção de Maio* [música]. São Paulo: Irmãos Vitale, 1947. 1 partitura (3p.). Canto orfeônico a 2 vozes iguais. Letra de Nicolina Bispo.
CÔRTES, Edmundo Villani. *Preludio n° 3* [música]. São Paulo: Cultura Musical, 1980. 1 partitura (2p.). Para piano.

SCHUBERT, Franz Peter. *Rosa da campina* [música] = heiden-röslein. São Paulo: E. S. Mangione, 1948. 1 partitura (7p.). Canção para coro a três vozes iguais. Adaptação e arranjo de Conceição de Barros Barreto. Baseado na poesia de Goethe.

ROSSINI, Gioachino. *Il Barbiere di Siviglia*. S.l.: Faluh Karzan, 2005. 341p. 1 CD-ROM. Partituras digitalizadas.

11 Imagem em movimento

Incluem-se nesta categoria: filme, videocassete e DVD, entre outros.
TÍTULO completo. Direção de. Produção de. Roteiro de. Interpretação de. Música de. Coordenação de. Cidade: Produtora, ano. Especificação do suporte. (Nome da série ou coleção). Notas.

Orientações gerais

a) Indicar as responsabilidades relevantes (direção, produção, roteiro, interpretação etc.): nomes na ordem direta, seguidos de ponto.
b) Especificar o suporte físico (VHS, Betamax, DVD, película ....mm etc.).
c) Incluir em Notas informações complementares, se houver, como duração (em minutos), sonoro ou mudo, legendado ou dublado. Tipo de gravação.

Exemplos

O PODEROSO chefão: parte III. Direção e Produção de Francis Ford Coppola. Roteiro de Mario Puzo & Francis Ford Coppola. Interpretação de Al Pacino, Diane Keaton, Talia Shire, Andy Garcia, Eli Wallach, Joe Mantegna, Bridget Fonda, George Hamilton e Sofia Coppola. [S.l.]: Paramount Pictures, 1990. 1 DVD (170 min), bilíngue: inglês, português; legendado e duplado. Música de Carmine Coppola.
OS INTOCÁVEIS. Direção de Brian de Palma. Produção de Art Linson. Roteiro de David Mamet. Interpretação de Kevin Costner, Charles Martin Smith, Andy Garcia, Robert De Niro e Sean Connery. [S. l.]: Paramount Pictures, 2004. 1 DVD (119 min), trilíngue: inglês, espanhol e português. Edição especial.
REFÉM do silêncio. Direção de Gary Fleder. Produção de Arnon Milchan, Arnold Kopelson e Anne Kopelson. Roteiro de Antony Peckham e Patrick Smith Kelly. Interpretação de Michael Douglas. [S. l.]: Twentieth Century Fox, 2002. 1 DVD (114 min), trilíngue: inglês, espanhol e português; legendado ou dublado. Baseado na obra de Andrew Klavam.
A CONQUISTA do Paraíso. Direção de Ridley Scott. Interpretação de Gérard Depardieu, Sigourney Weaver, Armand Assante. [S.l.: s.n.], 1992. 1 VHS (150 min), colorido, som original, legendado: espanhol, francês e inglês. Título do original: Conquest of Paradise. Distribuição, Vídeo Arte.

12 Bula de remédio

NOME do remédio: subtítulo. Responsável técnico: Cidade de fabricação: Nome do Laboratório, Ano. Bula de remédio. Notas. Disponível em: http: URL de acesso. Acesso em: dia mês abreviado ano.

Exemplos

NAPROSYN: naproxeno anti-inflamatório. Guilherme Neves Ferreira. Basileia, Suíça: F. Hoffmann-La Roche Ltd., 2006. Bula de remédio.
SYNTHROID: levotiroxina sódica. Fabio Bussinger da Silva. Porto Rico, Jayuya: Knoll BV, 2006. Bula de remédio. Medicamento importado, embalado e distribuído por: Abbott Laboratórios do Brasil Ltda.

13 Entrevista

Orientações gerais

a) Indicar os nomes dos entrevistadores na ordem direta, separados por ponto e vírgula (;) seguidos de ponto.
b) Para dados que melhor identifiquem o documento referenciado, ver Parte 2, item 9 (p.111).
c) Abreviar o mês de acesso de acordo com o Quadro 1 (p.104).

13.1 Entrevista gravada

ENTREVISTADO, Nome do. *Título da entrevista*: subtítulo. Dia mês abreviado ano da entrevista. Entrevistadores: Cidade da gravação: Gravadora, Ano da gravação. Especificação do suporte. (ou) Número de CD-ROM. (Nome da série ou coleção). Notas. Disponível em: http: URL de acesso. Acesso em: dia mês abreviado ano.

Orientações específicas

a) Especificar número e tipo do suporte de gravação. Incluir em Notas informações complementares, se houver. P. ex.: duração em minutos, cor ou P&B, entre outros.
b) Para os demais elementos, consultar as *Orientações gerais* para referência de entrevistas (p.75).

Exemplos

COSTA, Ataulfo Martins. *Ataulfo Martins Costa*: entrevista. Brasil: [s.n], [199–]. VHS. 10 min. Documentário.
ENTREVISTA de Gorbachev à NBC. Brasil: [s.n], [19–]. VHS. Documentário. Dublado em português.
LISPECTOR, Clarice. *Entrevista com Clarice Lispector*. [S.l.]: [s.n.], 1999. Direção de Rogério Brandão. VHS. 44 min. Material didático.

13.2 Entrevista publicada

ENTREVISTADO, Nome do. *Título da entrevista*: subtítulo. Dia mês abreviado ano da entrevista. Entrevistadores: nome dos entrevistadores, em ordem direta. Referência do documento onde foi publicada a entrevista.

Orientações específicas

a) Fazer a referência do documento onde foi feita a publicação, de acordo com as normas específicas para este tipo de documento.

b) Para os demais elementos, consultar as *Orientações gerais* para referência de entrevista (p.75).

Exemplos

DEMIROVIC, Alex. Entrevista com Alex Demirovic. [19—]. Entrevistador: Isabel Loureiro. *Trans/Form/Ação*, Marília, v.27, n.2, 2004. A entrevistadora foi a tradutora da entrevista. Disponível em: http://www.scielo.br/scielo.php?script= sci_arttext&pid=S0101-31732004000200008&lng=pt&nrm=iso. Acesso em: 22 maio 2007.

EIZIRIK, Cláudio Laks. Conversando com Cláudio Laks Eizirik: primeiro editor da revista. 25 de jul. de 2004. Entrevistadores: Antonio Marques da Rosa, Jacó Zaslavsky, Letícia Kipper, Anna Luiza Kauffmann, Júlio Chachamovich e Gustavo Schestatsky. Disponível em: http://www.scielo.br/scielo.php?script=sci_arttext&pid =S0101-81082004000200011. Acesso em: 11 dez. 2006.

14 Resenha

AUTOR DA OBRA RESENHADA, Nome do. *Título da obra resenhada*: subtítulo. Tradução de Nome na ordem direta. Cidade: Editora, ano. Resenha de: Nome na ordem direta. Título da resenha: subtítulo. Referência do documento onde foi publicada a resenha, destacando-se o título do documento, em itálico.

Orientações gerais

a) Indicar o nome do tradutor na ordem direta, seguido de ponto, se houver.
b) Indicar o nome do resenhista na ordem indireta, seguido de ponto.
c) Indicar título próprio da resenha, se houver.
d) Fazer a referência do documento onde foi publicada a resenha, de acordo com as normas específicas para este tipo de documento.

Exemplos

a) Título da resenha é o mesmo da obra resenhada
KOZULIN, A. *La psicologia de Vygotski*: biografia de unas ideas. Madrid: Alianza, 1994. Resenha de FARIA, E. T. A psicologia de Vygotsky: biografia de suas ideias. Educação, Porto Alegre, ano 24, n.43, p.153-64, abr. 2001.

b) Resenha não tem título próprio
NIETZSCHE, F. *Cinco prefácios para cinco livros não escritos*. Tradução de Pedro Sussekind. São Paulo: Sette Letras, 1996. Resenha de: FONSECA, T. L. Trans/Form/Ação: Revista de Filosofia, São Paulo, v.21/22, p.195-200, 1998/1999.

c) Título da resenha é diferente do título da obra resenhada
PERCUSSI, Luciano. *Azeite*: história, produtores, receitas. São Paulo: SENAC, 2006. Resenha de: HORTA, Nina. Mais livros recebidos! *Folha de S.Paulo*, São Paulo, 23 nov. 2006. Ilustrada, p.E7.
SANT'ANNA, Alvaro Cumplido de. *Academia Nacional de Medicina*: resenha histórica. Rio de Janeiro: Sant'Anna, 1979. 250p.: il. (Memórias de 50 anos de Vida Acadêmica). Desde o ano de 1929 até os dias atuais.

15 Prefácio, apresentação, orelha, quarta capa

AUTOR DO PREFÁCIO ou APRESENTAÇÃO ou ORELHA ou QUARTA CAPA, nome do. Prefácio (ou) Apresentação (ou) Orelha (ou) Quarta capa. Referência do documento prefaciado ou apresentado ou que contém a orelha ou quarta capa.

Orientações gerais

a) Caso tenha título próprio, indicá-lo. Colocar em Notas o termo prefácio ou apresentação ou orelha ou quarta capa, seguido de ponto.
b) Fazer a referência do documento de acordo com as normas específicas para este tipo de documento.

15.1 Prefácio

Exemplos

MARTINS, Ana Luiza. Prefácio. In: ANTUNES, Cristina; BRUCHARD, Dorothée (Orgs). *Memórias de uma guardadora de livros*. Florianópolis: Escritório do Livro/SP: Imprensa Oficial, 2004. Coleção Memória do Livro, 3.
VARGAS, Álvaro Augusto Teixeira. Prefácio. In: ZAGATTO, Pedro A.; BERTOLETTI, Eduardo. *Ecotoxicologia aquática*: princípios e aplicações. [S.l.]: Rima, [200?]. 478p. Prefácio xii.
GODINHO, Francisco. Prefácio. In: MANUAL digital: tecnologias de informação sem barreiras no local de trabalho. Disponível em: http://www.acessibilidade.net/trabalho/manual_index.htm. Acesso em: 11 dez. 2006.

15.2 Posfácio

Exemplo

SALLES, João Moreira. Posfácio. In: MITCHELL, Joseph. *O segredo de Joe Gould*. Tradução de Hildegard Feist. São Paulo: Companhia das Letras, 2003. (Coleção Jornalismo literário).

15.3 Apresentação

Exemplo

MARTINS FILHO, Plínio. Apresentação. In: MONTEIRO, D. Salles. *Catálogo de clichês*. São Paulo: Ateliê Editorial, 2003. (Coleção Artes do livro).

15.4 Orelha

Exemplo

JORGE, José Tadeu. Orelha. In: GOMES, Eustáquio. *O mandarim: história da infância da Unicamp*. Campinas: Ed. Unicamp, 2006. 292p. (Coleção Unicamp, v.40).

15.5 Quarta capa

Exemplos

MARCHIORI, Patrícia Zeni. Quarta capa. In: MARCONDES, Carlos H.; KURAMOTO, Hélio; TOUTAIN, Lídia Brandão; SAYÃO, Luís (Org.). *Bibliotecas digitais*: saberes e práticas. Brasília: Instituto Brasileiro de Informação em Ciência e Tecnologia; Salvador: EDUFBA, 2006. 337p.

SERVIÇO NACIONAL DE APRENDIZAGEM COMERCIAL (São Paulo). Quarta capa. HILSDORF, Carlos. Atitudes vencedoras. São Paulo: SENAC, [200?]. Disponível em: http://www.carloshilsdorf.com.br/livro.php?id_pagina=4. Acesso em: 13 dez. 2006.

Parte 2

Elementos das referências

Localização dos elementos da referência nos documentos

Orientações gerais

a) Ao consultar documentos impressos, retirar as informações, preferencialmente, da folha de rosto do documento.

b) Anotar a referência completa após a consulta de qualquer documento, para facilitar a compilação da lista de referências.

c) Ao consultar documentos, anotar: cidade de publicação, volume ou ano, número ou fascículo, intervalo de páginas utilizadas (no caso de parte de documento), data de publicação e outras informações necessárias para a elaboração da referência.

d) Anotar o endereço eletrônico (URL) e a data do acesso do documento em meio eletrônico (internet) e DOI (Digital Object Identifier), se houver.

e) Caso não tenha dados completos ou acesso ao documento para a elaboração das referências, ou tenha dificuldade para localizar as informações no documento, consultar os catálogos de bibliotecas, manuais e eletrônicos, ou bases de dados, porque são fontes confiáveis para obtenção dessas informações.

Ordenação das referências

As referências podem ser organizadas utilizando-se o sistema alfabético e o sistema numérico.

Sistema alfabético

Neste sistema, as referências são organizadas em ordem alfabética de sobrenome de autor e devem ser listadas no final do trabalho. (Pela ABNT, isso não se faz ao final dos capítulos.)

Na ordenação de referência sem atribuição de autoria, entra-se pelo título, obedecendo à ordem alfabética da letra inicial do título, considerando preposições e artigos.

Exemplos de organização das referências

ASSOCIAÇÃO BRASILEIRA DE NORMAS TÉCNICAS. *NBR 6023*: informação e documentação: elaboração. Rio de Janeiro, 2002. 24p.

UNIVERSIDADE ESTADUAL PAULISTA. Coordenadoria Geral de Bibliotecas. *Normas para publicações da UNESP*. São Paulo: Ed. UNESP, 1994. v.2.

A ordenação das referências no sistema alfabético das obras de um único autor obedece às seguintes observações:

a) Para a ordenação das referências dos trabalhos de mesma autoria, publicados no mesmo ano, faz-se uso das letras do alfabeto em ordem crescente, após o ano de publicação.

Exemplos de ordenação das referências
de única autoria publicados no mesmo ano

MALAMUD, Andrés. Presidencial diplomacy and the institucional underpinnings of mercosur. *Latin American Research Review*, Pittsburgh, v. 40, n. 1, p. 138-164, 2005a.

MALAMUD Andrés. Mercosur turns 15: between rising rhetoric and declining achievement. *Cambridge Review of International Affairs*, Cambridge, v. 18, n. 3, p. 421-436, October 2005b.

b) Para a ordenação das referências dos trabalhos de mesma autoria, publicados em anos diferentes, colocá-los em ordem cronológica decrescente.

Exemplos de ordenação das referências
de única autoria publicados em anos diferentes

RUBI, M. P. Elementos de política de indexação em manuais de indexação de sistemas de informação especializados. *Perspectivas em Ciência da Informação*, Belo Horizonte, v.8, n.1, p.66-77, jan./jun. 2003.

RUBI, M. P. *A política de indexação na perspectiva do conhecimento organizacional.* 2004. 135f. Dissertação (Mestrado em Ciência da Informação) – Faculdade de Filosofia e Ciências, Universidade Estadual Paulista, Marília, 2004.

> Recomendamos que, no caso de várias obras de mesma autoria referenciadas sucessivamente, não seja utilizado o tracejado de seis toques para substituir o nome do autor. Essa recomendação leva em conta que o cálculo do *índice h*[*] deste autor ficará prejudicado.

Na ordenação de mais de uma edição de uma obra, utiliza-se o tracejado ponto e tracejado para não repetir autoria e também título, como exemplificado a seguir:

---

[*] O *índice h* tem como objetivo determinar a representatividade de um autor (pesquisador) na comunidade da área do conhecimento em que atua, por meio da análise das citações dos documentos que mencionam os trabalhos do autor sobre o qual se deseja calcular o *índice h*.

Exemplos de ordenação de referências com número variado de autores sendo o primeiro autor sempre o mesmo

FIORIN, José Luiz; PETTER, Margarida, (Orgs.). *África no Brasil*: a formação da língua portuguesa. São Paulo: Contexto, 2008.

FIORIN, José Luiz. *Elementos de análise do discurso*. São Paulo: Contexto, 2005.

FIORIN, José Luiz. *Linguagem e ideologia*. São Paulo: Ática, 2004.

FIORIN, José Luiz; SAVIOLI, Francisco Platão. *Lições de texto*: leitura e redação. São Paulo: Ática, 2002.

FIORIN, José Luiz; SAVIOLI, Francisco Platão. *Para entender o texto*. São Paulo: Ática, 1995.

Sistema numérico

No sistema numérico, utilizam-se números arábicos, para indicar as referências, obedecendo à ordem crescente.

As obras possuem um único número no corpo do trabalho e este deve ser mantido na organização das referências.

A numeração das referências corresponde à ordem numérica adotada no texto.

A apresentação da numeração deve ser na mesma linha da referência, e após o número atribui-se um espaço antes da referência.

Exemplos de ordenação das referências no sistema numérico

1 CUTTER, C. A. *Rules for a dictionary catalog*. 4th ed. Washington: Government Printing Office, 1904.
2 FUJITA, Mariângela Spotti Lopes. *PRECIS na língua portuguesa*: teoria e prática de indexação. Brasília: UnB: ABDF, 1989. 213p.
3 FUJITA, Mariângela Spotti Lopes. *A leitura documentária do indexador*: aspectos cognitivos e linguísticos influentes na formação do leitor profissional. 2003. 321f. Tese (Livre-Docência em Análise Documentária e Linguagens Documentárias Alfabéticas) – Universidade Estadual Paulista, Faculdade de Filosofia e Ciências, Marília, 2003.
4 FUJITA, Mariângela Spotti Lopes. Aspectos evolutivos das bibliotecas universitárias em ambiente digital na perspectiva da Rede de Bibliotecas da UNESP. *Informação & Sociedade:* estudos, João Pessoa, v.15, n.2, 2005. Disponível em: http://www.informacaoesociedade.ufpb.br/pdf/IS1520504.pdf. Acesso em: 22 mar. 2006.

Orientações gerais

a) Optar por organizar a lista de referências em ordem numérica ou ordem alfabética, de acordo com o sistema de chamada adotado no texto: numérico ou autor e data.

b) Quando houver mais de três autores, optar por colocar todos os autores, ou utilizar a expressão latina et al. (escrita em redondo, sem nenhum destaque), após a indicação do primeiro autor. Uma vez feita a opção, esta deverá ser mantida em toda a lista de referências.

c) Separar os autores por ponto e vírgula (;).

d) Colocar os prenomes dos autores, preferencialmente, por extenso. Caso opte por abreviá-los segundo recomendação da NBR 6023, deverá manter esse padrão em toda a lista de referências.

e) Adotar o itálico como destaque tipográfico para os títulos das publicações. Pode-se usar também negrito ou sublinhado. Deverá manter esse padrão em toda a lista de referências.

f) Colocar os títulos de periódicos, preferencialmente, por extenso. Caso opte por abreviá-los, procure em bases de dados da área do conhecimento, porque são fontes confiáveis para a obtenção dessa informação, e manter esse padrão em toda a lista de referências.

g) Utilizar espaço simples de entrelinha na referência e 1,5 entre referências, para melhor visualização.

h) Em geral, dar um espaço após o uso das pontuações.

i) O ponto colocado no final da abreviatura substitui o ponto final, caso a abreviatura seja a última palavra da frase.

j) Alinhar no primeiro caractere à esquerda (sem justificar) todas as linhas de cada referência.

Descrição dos elementos da referência

Referência é o conjunto padronizado de elementos descritivos, retirados de um documento, que possibilitam sua identificação individual.

Na transcrição desses dados, deve ser mantida a ortografia, exatamente como está na página de rosto da obra referenciada.

As referências são compostas de:

Elementos essenciais

São as informações indispensáveis à identificação do documento. Estão estritamente vinculadas ao suporte documental e variam, portanto, conforme o tipo.

Ao se elaborar uma referência, devemos pensar primeiro nas seguintes informações básicas:

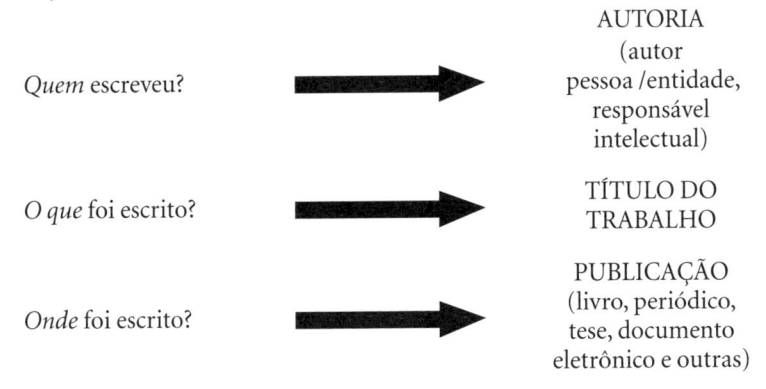

Quem escreveu?	➤	AUTORIA (autor pessoa /entidade, responsável intelectual)
O que foi escrito?	➤	TÍTULO DO TRABALHO
Onde foi escrito?	➤	PUBLICAÇÃO (livro, periódico, tese, documento eletrônico e outras)

Elementos complementares

São as informações que, acrescentadas aos elementos essenciais, permitem melhor caracterizar os documentos de acordo com seu tipo. Em determinados tipos de documentos, de acordo com o suporte físico, alguns elementos indicados como complementares podem tornar-se essenciais.

Os elementos essenciais e complementares são retirados do próprio documento. Quando isso não for possível, utilizam-se outras fontes de informação indicando-se os dados assim obtidos entre colchetes.

Apresentaremos a seguir, cada elemento que compõe a referência, apontando os casos especiais, as exceções, entre outros.

1 Autoria

É a indicação do responsável pela criação do conteúdo intelectual ou artístico de um documento. As orientações aqui apresentadas devem ser seguidas para qualquer tipo de documento (livro, capítulo de livro e artigo de periódico, entre outros).

1.1 Autor pessoal

Inicia-se a entrada pelo último sobrenome, em letras maiúsculas, seguido pelas iniciais dos prenomes seguidos de ponto. Uma vez feita a opção, deve-se seguir o mesmo padrão para toda a lista de referência.

Emprega-se vírgula entre o sobrenome e o(s) prenome(s).

VERÍSSIMO, Érico.
VERÍSSIMO, E.

1.1.1 Até três autores

Indicam-se todos na ordem em que aparecem no documento, separados entre si por ponto e vírgula (;) e espaço.

BASTOS, Lilia da Rocha; PAIXÃO, Lyra; FERNANDES, Lucia Monteiro.
MAGOSSI, Luiz Roberto; BONACELLA, Paulo Henrique.

1.1.2 Mais de três autores

Em documento elaborado por mais de três autores, indica-se apenas o primeiro, acrescentando a expressão et al. (abreviado et alii, que significa "e outros" em latim).

Quando a menção de todos os nomes for indispensável para certificar a autoria (projetos de pesquisa científica e indicação de produção científica em relatórios, entre outros), é facultado indicar todos, na ordem em que aparecem no documento separados por ponto e vírgula (;) e espaço.

LUCKESI, Cipriano Carlos et al.
BARBIER, Jean-Marie; CLOT, Yves; GALATANU, Olga; LEGRAND, Michel; PETIT, Jean-Luc.

1.1.3 Publicações com autoria desconhecida ou não assinadas

Entra-se diretamente pelo título do documento. Neste caso, escreve-se em maiúsculas (CAIXA ALTA) a primeira palavra do título, excetuando-se os artigos definidos e indefinidos e palavras monossilábicas.

O DESCOBRIMENTO do Brasil.
O PASSO A PASSO da queratinização de cabelos.
500 ANOS de dependência.
REAGENT chemicals.

1.1.4 Responsável intelectual: editor, compilador, coordenador, organizador

Quando não há autor, mas um responsável intelectual, faz-se a entrada pelo nome deste, seguido da respectiva abreviatura, entre parênteses, referente ao tipo de responsabilidade. Ex.: (Org.), (Ed.).

Devem ser usadas as seguintes abreviaturas:

Editor = Ed.
Editores = Eds.
Compilador = Comp.
Compiladores = Comps.
Coordenador = Coord.
Coordenadores = Coords.
Organizador = Org.
Organizadores = Orgs.

BELOCH, Israel; ABREU, Alzira Alves de (Coords.)
FEUTRY, Michel (Comp.)
MARQUES, Henrique (Ed.)
XAVIER, Maria Francisca; MATEUS, Maria Helena (Orgs.)

1.1.5 Outros tipos de responsabilidade: tradutor, revisor e ilustrador, entre outros

Podem ser acrescentados após o título, da mesma maneira em que aparecem no documento (ordem direta). Quando houver mais de três nomes exercendo o mesmo tipo de responsabilidade, aplicar o critério indicado em 1.1.2.

1.2 Autor entidade

Entidades coletivas, quando responsáveis pela autoria e publicação de um documento, devem ser indicadas somente no campo de autor.

O nome completo deve vir seguido da sigla ou abreviação, entre parênteses.[1]

ASSOCIAÇÃO BRASILEIRA DE NORMAS TÉCNICAS (ABNT). *NBR 6023*: informação e documentação: referências: elaboração. Rio de Janeiro, 2002. 24p.

1.2.1 Entidades independentes

Entra-se diretamente pelo nome da entidade, por extenso, escrito em maiúsculas.

ASSOCIAÇÃO PAULISTA DE CIRURGIÕES DENTISTAS (APCD).
ORGANIZAÇÃO MUNDIAL DA SAÚDE (OMS).

1.2.2 Órgãos da administração governamental direta (ministérios, secretarias e outros)

a) Com denominação genérica

Entra-se pelo nome do lugar que indica a esfera de subordinação para respectiva identificação (em letras maiúsculas) – PAÍS, ESTADO ou MUNICÍPIO.

BRASIL. Ministério da Aeronáutica. Estado-Maior da Aeronáutica.
SÃO PAULO (Estado). Secretaria da Educação.

b) Com denominação específica que a identifica

Entra-se diretamente pelo seu nome, acrescentando-se a unidade geográfica se for essencial para sua identificação.

BIBLIOTECA NACIONAL (Brasil).
BIBLIOTECA NACIONAL (Portugal).

1.3 Exceções de entradas de nomes de autores

1.3.1 Autores de sobrenome espanhol

Adota-se a entrada pelo penúltimo sobrenome, porque o sobrenome paterno antecede o materno.

MARAVALL CASESNOVES, Dario.

1.3.2 Sobrenome que indica parentesco

Não é considerado como entrada. Conservar o grau de parentesco conforme o uso no idioma do documento.

---

[1] Nesta publicação, utilizamos este recurso para melhor identificação da entidade que muitas vezes só é conhecida por sua sigla. Esta não é uma recomendação da ABNT.

Em português: Júnior, Filho, Neto, Sobrinho acompanham o último sobrenome.
PALAZZO JÚNIOR, José Truda.

Em inglês: Jr. é colocado após o prenome.
BROWN, Keith Jr.

1.3.3 Sobrenome composto de substantivo + adjetivo ou ligado por hífen

Adota-se a entrada pela expressão composta.

CASTELO BRANCO, Camilo.
LÉVY-STRAUSS, Claude.

1.3.4 Sobrenome com prefixos

Adota-se a entrada indicada pelo Código de Catalogação Anglo-Americano (AACR2) para cada idioma.

Alemão
VOM ENDE, Erich
Espanhol
LAS HERAS, Manuel Antonio
Francês
LE ROUGE, Gustave
Inglês
McMURRY, John
MacDONALD, James Ross
Italiano
DA PONTE, Lorenzo
Holandês
DRIESSCHE, Albert van

1.3.5 Sobrenome chinês

O nome chinês já é formado com o sobrenome antecedendo o prenome. Deve ser indicado como o nome na ordem em que aparece no texto.

MAO, Tsé Tung

1.3.6 Pseudônimo e heterônimo

Deve seguir a mesma regra apresentada para os nomes verdadeiros (item 1.1, p.89), seja ele composto ou em outra língua.

CAEIRO, Alberto
TAHAN, Malba

1.3.7 Título de nobreza

Deve ser indicado no idioma do documento, após o(s) prenome(s) e separado por vírgula.

CAVOUR, Camillo Benso, conte di

1.3.8 Título de ordem religiosa

Deve ser indicado após a primeira parte do nome apresentada pela ordem direta seguido pelo título religioso.

ANSELMO, irmão
PIO XII, papa
TERESA, de Ávila, santa

1.3.9 Nomes consagrados que fogem à regra

Há autores que ficaram de tal forma conhecidos por parte de seu nome que as referências a eles são feitas somente por este nome, pois muitas vezes não são reconhecidos pelo nome completo. Nestes casos, utiliza-se para a referência bibliográfica a entrada do autor somente pela parte consagrada do nome.

ASSIS, Machado (e não ASSIS, Joaquim Maria Machado de)
CANDIDO, Antonio (e não COSTA, Antonio Candido Ribeiro)
LOBATO, Monteiro (e não LOBATO, José Bento Renato Monteiro)

1.3.10 Nomes em línguas clássicas (como grego e latim)

Nestes casos, a grafia atualizada varia de acordo com o idioma. Utilizamos a referência com o nome na língua do documento.

ARISTÓTELES [ARISTOTE].
PLATÃO [PLATO].

2 Título e subtítulo

2.1 Monografia (livro, folheto, dissertação e tese, entre outros)

O título deve ser reproduzido tal como aparece no documento e ser destacado com itálico.

A primeira letra deve ser escrita em maiúscula, as demais em minúsculas, com as seguintes exceções:

a) nomes próprios ou científicos;
b) regras gramaticais próprias de outros idiomas;
c) títulos de obras em inglês.

2.1.1 Título contendo subtítulo

O subtítulo é indicado após o título, quando necessário para esclarecê-lo ou completá-lo, sem qualquer tipo de destaque, em letras minúsculas (exceto nomes próprios ou científicos) e precedido de dois dois-pontos e espaço.

CABRAL, Plínio. *A nova lei de direitos autorais*: comentários. 4.ed. São Paulo: Harbra, 2003.

2.1.2 Títulos ou subtítulos longos

Em títulos ou subtítulos muito longos, as últimas palavras podem ser suprimidas, desde que o sentido seja mantido. A supressão deve ser indicada por reticências.

Título longo

FIGUEIREDO, Candido de. *Novo dicionário de língua portuguesa, redigido em harmonia com os modernos princípios da ciência da linguagem...*

Subtítulo longo

WANKE, Eno Teodoro; SIMAS FILHO, Roldão. *Dicionário lusitano-brasileiro*: expressões, palavras e acepções comuns em Portugal...

2.1.3 Título contendo nome científico ou títulos de outras obras

Recomenda-se que os nomes científicos contidos no título sejam grafados em redondo (sem itálico).

NOGUEIRA NETO, Paulo. *A criação de abelhas indígenas sem ferrão* (Meliponinae).

2.1.4 Título em duas línguas

Utiliza-se o sinal de igual (=) para separá-los.

DE BIASI, Ronaldo Sérgio. *Dicionário de eletrônica e física do estado sólido = Dictionary of Electronics and Solid State Physics.*

2.1.5 Dois ou mais subtítulos

São separados por dois dois-pontos (:).

ASSOCIAÇÃO BRASILEIRA DE NORMAS TÉCNICAS. *NBR 6029*: informação e documentação: livros e folhetos: apresentação.

2.1.6 Títulos em inglês

Preferencialmente, grafam-se em maiúscula as iniciais de todas as palavras, exceto conectivos.

2.2 Periódico

2.2.1 Coleção de periódico

Indica-se o nome completo do título do periódico, sem abreviatura, em maiúsculas (CAIXA ALTA).

CIÊNCIA HOJE.

2.2.2 Artigo de periódico e de jornal

a) Título do artigo

Deve ser escrito em redondo, usando-se apenas a primeira letra da primeira palavra em maiúscula, com exceção dos nomes próprios ou científicos. Nomes científicos são indicados em itálico.

Estudo da polinização entomófila em *Curcubeta pepo* (Abóbora italiana).

b) Nome do periódico
Deve ser escrito após o título do artigo por extenso.

Phytochemistry
Mona: estudos de antropologia social

3 Edição

Indica-se edição, a partir da segunda, quando mencionada na obra, utilizando-se as abreviaturas dos numerais ordinais e da palavra edição na forma adotada no idioma do documento.

A edição de obra estrangeira é indicada em número arábico com o sufixo do ordinal, na linha.

2.ed. (português)
2.Aufl. (alemão)
2nd ed. (inglês)
3rd ed. (inglês)
4th ed. (inglês)
2ème.éd. (francês)

Indicam-se emendas e acréscimos à edição de forma abreviada:

revisada ou revista = rev.
aumentada = aum.
ampliada = ampl.
atualizada = atual.

ALLABY, Michael (Ed.). *A Dictionary of Ecology*. 2nd ed.

OLIVEIRA, Cêurio de. *Dicionário cartográfico*. 2.ed. rev. e aum.

RIZZINI, Carlos Toledo. *Plantas do Brasil*: árvores e madeiras úteis: de dendrologia brasileira. 2.ed.

THOMPSON, Anthony (Comp.). *Vocabularium bibliothecarii*. 2ème.éd.

4 Cidade de publicação

O nome da cidade de publicação deve ser indicado tal como aparece na publicação referenciada e não deve ser abreviado.

4.1 Locais homônimos

No caso de cidades homônimas, acrescenta-se a unidade federativa ou o nome do país de forma abreviada.

Viçosa, AL
Viçosa, MG
Viçosa, RJ
Cambridge, USA
Cambridge, UK

4.2 Mais de um local

Quando houver mais de uma cidade para uma só editora, indica-se a primeira ou a mais destacada na página de rosto do livro ou expediente do periódico.

4.3 Local subentendido

Quando a cidade não aparece no documento, mas pode ser identificada, indica-se entre colchetes.

ALLEAL, René (Dir.). *Encyclopédie de la divination*. [Paris]: Tchou, 1965.

4.4 Sem local

Utilizar a expressão *Sine loco*, de forma abreviada entre colchetes [S.l.], quando não localizar a cidade de publicação.

AREZIO, Arthur. *Diccionario de termos graphicos*. [S.l.]: Imprensa Official, 1936.

5 Editora

Indica-se o nome da editora tal como aparece na publicação referenciada, suprimindo-se palavras que designam a natureza comercial, desde que dispensáveis à sua identificação. No caso de editoras cujo nome possa ser confundido com nomes de locais, instituições, entre outros, usa-se Ed.

Editora Nova Fronteira – usar Nova Fronteira
Editora Santos – usar Santos
Editora Guanabara – usar Guanabara
Editora da UnB – usar Ed. UnB
Editora 34 – usar Ed. 34

5.1 Coedição

Quando houver duas editoras, deve-se indicar ambas com suas respectivas cidades, separadas por ponto e vírgula. Caso as duas editoras sejam do mesmo local, indicar a cidade seguida das editoras separadas por dois-pontos. Quando houver três ou mais editoras, indicar a primeira ou que estiver em destaque.

Brasília: Ed. UnB; Rio de Janeiro: LTC
São Paulo: EDUSP: Nacional

5.2 Quando a editora é autora

Não se indica o nome da editora quando for também a autora e já tiver sido mencionada.

INSTITUTO BRASILEIRO DE GEOGRAFIA E ESTATÍSTICA. *Anuário estatístico*: 2004. Rio de Janeiro, 2005.

5.3 Editora não identificada

Quando a editora não é identificada, utiliza-se a expressão *sine nomine*, abreviada, em letras minúsculas entre colchetes [s.n.].

CARNEIRO, Edison. *A linguagem popular da Bahia*. Rio de Janeiro: [s.n.], 1951.

5.4 Cidade e editora não identificadas

Utilizar as respectivas expressões abreviadas, entre colchetes [S.l.: s.n.].

BRASIL. Ministério da Agricultura. *Arquivos do Jardim Botânico do Rio de Janeiro*. [S.l.: s.n.], 1980. v.24

6 Data

Indica-se o ano de publicação em algarismos arábicos sem ponto ou espaço entre eles. Considerando que a data é elemento essencial, não é permitido utilizar a expressão s.d. Se nenhum ano de publicação, distribuição, copyright ou impressão puder ser determinado, indica-se, da seguinte forma, entre colchetes:

[1985] data certa, não indicada
[1985 ou 1986] um ano ou outro
[entre 1920 e 1938] para intervalos menores de 20 anos
[1985?] data provável
[ca. 1985] data aproximada
[199-] década certa
[199-?] década provável
[19—] século certo
[19—?] século provável

6.1 Várias datas de monografia

O ano mais antigo e o mais recente podem ser indicados, separados por hífen.

6.1.1 Monografia em vários volumes

a) Da qual foram consultados todos os volumes ou volumes em sequência

Indicam-se os anos do primeiro e do último volume utilizados, separados por hífen e com ponto após a última data. Após esta informação, incluir o número dos volumes utilizados também separados por hífen.

Ex.: 1985-1987. v.1-3

b) Da qual foram consultados volumes alternados

Indicam-se os anos do primeiro e do último volumes utilizados, separados por hífen e com ponto após a última data. Após esta informação, incluir o número dos volumes utilizados, separados por vírgula.

Ex.: 1995-2000. v.1, 3

6.2 Divisões do ano

No caso de fascículos de periódicos, em geral, é necessário indicar, além do ano, suas subdivisões.

6.2.1 Meses

Devem ser indicados de forma abreviada (exceto palavras com menos de quatro letras), no idioma original da publicação, conforme quadro a seguir.

Quadro 1 – Abreviaturas dos meses do ano

Português		Inglês		Francês	
janeiro	jan.	January	Jan.	janvier	jan.
fevereiro	fev.	February	Feb.	février	fév.
março	mar.	March	Mar.	mars	mars
abril	abr.	April	Apr.	avril	avr.
maio	maio	May	May	mai	mai
junho	jun.	June	June	juin	juin
julho	jul.	July	July	juillet	juil.
agosto	ago.	August	Aug.	août	août
setembro	set.	September	Sept.	septembre	sept.
outubro	out.	October	Oct.	octobre	oct.
novembro	nov.	November	Nov.	novembre	nov.
dezembro	dez.	December	Dec.	décembre	déc.
Espanhol		**Italiano**		**Alemão**	
enero	ene.	gennaio	gen.	Januar	Jan.
febrero	feb.	febbraio	feb.	Februar	Feb.
marzo	mar.	marzo	mar.	Marz	Marz
abril	abr.	aprile	apr.	April	Apr.
mayo	mayo	maggio	magg.	Mai	Mai
junio	jun.	giugno	giug.	Juni	Juni
julio	jul.	luglio	lugl.	Juli	Juli
agosto	ago.	agosto	ag.	August	Aug.
septiembre	set.	settembre	set.	September	Sept.
octubre	oct.	ottobre	ott.	Oktober	Okt.
noviembre	nov.	novembre	nov.	November	Nov.
diciembre	dic.	dicembre	dic.	Dezember	Dez.

6.2.2 Estações do ano

Podem ser indicadas por extenso ou abreviadas, como figuram no texto e no idioma do documento.

Quadro 2 – Indicação das estações do ano

Português	Inglês	Francês
primavera	Spring	printemps
verão	Summer	été
outono	Autumn/Fall	automne
inverno	Winter	hiver
Espanhol	**Italiano**	**Alemão**
primavera	primavera	Frühling
verano	estate	Sommer
otoño	autunno	Herbst
invierno	inverno	Winter

6.2.3 Outras subdivisões do ano

Semana, Bimestre, Trimestre, Quadrimestre, Semestre, Anual: devem ser indicadas por extenso, no idioma original.

7 Descrição física

7.1 Paginação da obra no todo

A indicação total de páginas é um elemento complementar quando se utiliza a obra toda, porém na utilização parcial de uma obra é obrigatório a indicação das páginas consultadas.

Indica-se o número da última página ou folha, seguido da abreviatura p. ou f. (sem espaço), respeitando-se a forma utilizada (letras, algarismos romanos e arábicos), quando se utilizou a obra toda.

Indica-se f. para documentos impressos apenas no anverso.

Só se indicam as páginas numeradas em algarismos romanos quando contém matéria relevante, precedendo ou após o número de páginas, escrevendo-se em minúsculas.

xxi, 230p.
108, xvi p.

7.1.1 Documento em mais de um volume

Quando o documento for publicado em mais de um volume, indica-se a quantidade de volumes, seguida da abreviatura v., sem espaço.

2v.

7.1.2 Número de volumes bibliográficos diferente do número de volumes físicos

Indica-se primeiro o número de volumes bibliográficos em seguida o número de volumes físicos.

5v. em 3.

7.2 Paginação de parte de documento

7.2.1 Publicações monográficas

Indicam-se os números das páginas inicial e final sem considerar a repetição das dezenas, centenas etc., precedidos da abreviatura p., ou o número do volume, precedido da abreviatura v., sem espaço.[2]

---

2 A ABNT não indica a supressão da repetição.

p.135-48 (sequência de páginas utilizadas)
p.135-48, 151-3, 180-93 (para intervalo de páginas utilizadas)
v.2 (apenas este volume foi utilizado)
v.3, p.58-65 (apenas este volume e estas páginas)

a) Documento sem paginação

Indica-se:
Não paginado.

b) Documento com paginação irregular

Indica-se:
Paginação irregular.

7.2.2 Paginação de publicações periódicas

Indicam-se as páginas iniciais e finais (sem considerar a repetição de dezenas, centenas etc.) do(s) artigo(s) utilizado(s), precedidas da abreviatura p. separadas entre si por hífen, sem espaço.

p.1245-59

8 Série e coleção

Indica-se entre parênteses, ao final da referência, com a primeira letra maiúscula. A indicação de série ou coleção é feita tal como aparece na publicação referenciada. Entretanto, nesta publicação, não abreviaremos a palavra coleção, optaremos por indicá-la por extenso.

(Os Pensadores, 3)
(Coleção Primeiros Passos, 2)

Se houver coleção e série:

Indica-se ao final, entre parênteses, colocando-se a coleção seguida de ponto e depois a série, fechando os parênteses.

(Coleção luso-brasileira. Série brasileira)

9 Notas

Sempre que necessário, incluem-se notas com informações complementares ao final da referência.

9.1 Documentos em fase de publicação

Indica-se que está em fase de publicação, no idioma da obra.

Quadro 3 – Expressões utilizadas para documentos em fase de publicação

Português	Inglês	Francês	Espanhol	Italiano	Alemão
No prelo	In press	Sous presse	En prensa	Sotto stampa	In der press

9.2 Documentos traduzidos

Indica-se o título no idioma original, quando há a informação.

9.3 Fascículos especiais de periódicos

Indica-se no idioma do documento, por extenso.

Quadro 4 – Expressões utilizadas para indicar fascículos especiais em periódicos

Português	Inglês	Francês	Espanhol	Italiano	Alemão
Edição especial	Special Edition	Hors-série	Edición especial	Edizione speciale	Sonderausgabe
Número especial	Special Issue	Numéro spécial	Número especial	Numero speciale	Spezielle Nummer
Suplemento de jornal	Supplement	Supplément	Suplemento	Supplemento	Zeitungs Beilage

9.4 Documentos de localização restrita

Indica-se o local de depósito da obra (arquivos, museus, bibliotecas, acervos particulares, entre outros), quando tratar-se de obra rara, especial, reservada, entre outros, no final da referência (em Notas).

Manuscrito depositado na Biblioteca Pública de Évora. Códice CXVI/1-33, fol. 13-34.

10 Acesso eletrônico

Para documentos de acesso eletrônico, indica-se a URL de acesso ou o DOI ou HDL (Handle System). Tanto DOI como HDL remetem para localização permanente de recursos eletrônicos.

Para facilitar o acesso ao documento, recomendamos que seja utilizada a URL que remete diretamente para o documento, sem a necessidade de acesso preliminar ao site de DOI ou HDL, onde há a caixa para preenchimento do nº identificador e somente depois de ser remetido ao documento.

Para DOI, utilize: http://dx.doi.org/nº doi
Para HDL, utilize: http://hdl.handle.net/nº hdl

Nesta obra, indicaremos na referência o formato: *URL de acesso*, que indicará qualquer um dos três sistemas.

PARTE 3

ESTILO VANCOUVER

Apresentação

Este estilo de referência bibliográfica é resultado de um consenso elaborado por um grupo de editores de periódicos científicos reunidos em Vancouver em 1978. Os editores conhecidos como o Grupo Vancouver redigiram o documento "Exigências Uniformes para Manuscritos Submetidos para Jornais Biomédicos: Escrevendo e Editando para Publicação Biomédica".

Este documento fornece orientação não somente quanto ao formato de referências bibliográficas mas também de artigos e resumos e outros assuntos de interesse. Anteriormente, cada editor possuía padrão próprio, o que dificultava o trabalho de autores que, em geral, precisavam adequar seus trabalhos de acordo com as publicações às quais submeteriam seus artigos. A partir da publicação deste documento, a maioria dos editores da área biomédica passaram a utilizá-lo, facilitando tanto o trabalho dos editores quanto o de autores.

Este estilo é focado na simplicidade, evitando o uso desnecessário de pontuação cujo uso é limitado às localizações essenciais. Também não utiliza destaques, tais como negrito ou itálico.

Este trabalho foi elaborado de acordo com o International Committee of Medical Journal Editors Uniform Requirements for Manuscripts Submitted to Biomedical Journals: Sample References. Disponível em: http://www.nlm.nih.gov/bsd/uniform_requirements.html

Apresentaremos nesta parte exemplos de referências elaboradas no estilo Vancouver, limitando-nos aos tipos de materiais frequentemente utilizados na área da saúde.

Algumas particularidades do estilo Vancouver

Autoria pessoal

Neste estilo, para todas as referências, cite até seis autores, separados por vírgula. Se houver mais de seis autores, cite os seis primeiros seguidos da expressão et al., precedida de vírgula.

O autor é indicado pelo Sobrenome, sendo a primeira letra maiúscula e as demais minúsculas, seguido pelas iniciais dos prenomes, sem espaço, vírgula ou ponto.[1]

Editor, compilador, organizador ou coordenador como autor

Cite no mesmo formato do autor pessoal, e a seguir o tipo de autoria, por extenso, precedido de vírgula.

Prado JLA, Sovik L, organizers.

Quando houver diversos trabalhos de um mesmo autor, este deve ser repetido em todas as referências. Esta regra vale também para quando o autor de parte de uma obra for o mesmo da obra no todo.

Título

Não se usa qualquer tipo de destaque (itálico, negrito ou sublinhado) seja ele o título da monografia ou do periódico.

Os títulos de periódicos devem ser abreviados de acordo com as seguintes fontes:

- Periódicos internacionais – Index Medicus que pode ser consultado em: http://www.ncbi.nlm.nih.gov/entrez/query.fcgi?db=journals
- Periódicos nacionais e latino-americanos – Portal de Revistas Científicas em Ciências da Saúde, que pode ser consultado em: http://portal.revistas.bvs.br/main.php?home=true&lang=pt

---

1 Atualmente a NLM lista todos os autores.

Quando um título de periódico não for encontrado em nenhuma das listas citadas, sua abreviatura deverá ser feita de acordo com:

- Norma ABNT – NBR6032: 1989 Abreviação de títulos de periódicos e publicações seriadas.
- Norma Internacional ISO-4:1997 Information and documentation – Rules for the abbreviation of title words and titles of publications. [Informação e documentação – Regras para abreviação de palavras de títulos e títulos de publicações.]

Utiliza-se a abreviatura sem pontos, mantendo-se somente o ponto na última palavra do título.

Paginação

- Quando um periódico possui numeração contínua no mesmo volume (comum em periódicos da área da saúde), as informações de mês e número do fascículo podem ser omitidas por não serem indispensáveis para a localização do artigo.

Camacho F, Moreno JC, Hernandez MJG. Telogen alopecia from UV Rays. Arch Dermatol. 1996; 132:1398-9.

- No intervalo de páginas, não se considera a repetição de dezenas, centenas. Ex.: 125-9 (p. 125 a 129) ou 230-43 (p.230 a 243).

Identificador da citação em base de dados

É possível incluir, opcionalmente, ao final da referência, como último campo, a identificação recebida por uma citação em determinada base de dados. O número de registro deve ser antecedido pelo nome da base, seguida de ":".

Ehler E, Marvan R, Vanek D. Evaluation of 14 Y-chromosomal Short Tandem Repeat haplotype with focus on DYS449, DYS456, and DYS458: Czech population sample. Croat Med J. 2010 Feb 15;51(1):54-60. PubMed PMID: 20162746.

Se houver identificação em mais de uma base de dados, os identificadores deverão ser separados por ";".

Número de registro de experimento clínico

Pode-se, opcionalmente, incluir o número de registro de um experimento clínico na citação de artigo sobre este experimento. Esta indicação deve ser feita ao final da referência, inclusive após o identificador em base de dados, se houver. O número deve ser antecedido pelo nome do órgão de registro seguido de "registration number:".

Christensen R, Bliddal H. Is Phytalgic® a goldmine for osteoarthritis patients or is there something fishy about this nutraceutical? A summary of findings and risk of bias assessment. Arthritis Res Ther. 2010;12:105. ClinicalTrials.gov registration number: NCT00666523.

Formatos opcionais utilizados por NLM em MEDLINE/PubMed

a) Artigos com número do documento no local da paginação tradicional

Lonergan KM, Chari R, Coe BP, Wilson IM, Tsao MS, Ng RT, et al. Transcriptome profiles of carcinoma-in-situ and invasive non-small cell lung câncer as revealed by SAGE. PloS One. 2010 Feb 11;5(2):e9162. PubMed PMID: 20161782.

b) Artigos que possuem DOI (Digital Object Identifier)

Jorde R, Sneve M, Torjensen PA, Figenschau Y, Hansen JB, Grimnes G. No significant effect on boné mineral density by high doses of vitamin D3 given to overweight subjects for one year. Nutr J. 2010;9:1. DOI: 10.1186/1475-2891-9-1. PubMed PMID: 20056003. ClinicalTrials.gov registration number: NCT00243256.

c) Artigos que só possuem o número único de identificação do item no editor, no local da paginação ou DOI

Nishiura H, Iwata K. A simple mathematical approach to deciding the dosage of vaccine against pandemic H1N1 influenza.Euro Surveill. 2000 Nov 12;14(45). pii: 19396. PubMed PMID: 19941790.

Material não publicado

Fazer a referência seguindo o padrão para o tipo de material e incluir ao final a expressão "Forthcoming [ano]."

A NLM prefere a utilização do termo Forthcoming ao "In press" porque nem todos os itens serão publicados.

Não confundir com o caso de artigos já aprovados para publicação e que são publicados eletronicamente antes do fechamento do fascículo. Neste caso deve ser seguida a orientação que consta no item 1.25 deste volume (p.135).

1 Artigo de periódico

Autor NP. Título do artigo. Título do Periódico [suporte]. Ano de publicação – mês [data de citação];volume(número):intervalo de páginas. Disponível em: http: URL de acesso. Acesso em: dia mês abreviado ano.

Orientações gerais

a) O autor é indicado pelo Sobrenome, sendo a primeira letra maiúscula e as demais minúsculas, seguido pelas iniciais dos prenomes, sem espaço, vírgula ou ponto.
b) Indicar o nome do periódico preferencialmente abreviado, utilizando para este fim as fontes citadas e, quando se tratar de documento em suporte eletrônico, indicar o tipo de suporte entre colchetes logo após o título da publicação, separados por espaço.
c) Paginação: no intervalo de páginas, não se considera a repetição de dezenas, centenas. Ex.: 120-9 (120 a 129); 110-75 (110 a 175). Usar o formato :32-45, sem espaço após os ":" ou disquete 3 ou CD-ROM 2, seguido de ponto.
d) Para data de publicação, usar o formato 1998 nov [data de citação];25(6):32-54, sem espaços entre as informações. O mês não é informação essencial. Quando o documento estiver em suporte eletrônico, sem indicação de paginação, indicar o número aproximado de páginas, entre colchetes, no idioma do documento [about 10p.] ou [cerca de 10p.].
e) Indicar o termo citado ou cited ou cité, e Disponível ou Available ou Disponible, conforme o idioma do documento. Ver Quadro 5 (p.148).
f) Grande parte dos documentos eletrônicos tem DOI, que pode ser usado no lugar da URL. O DOI é um identificador permanente, fornecido pelo editor, portanto, este artigo sempre poderá ser encontrado on-line. Ao indicar o DOI, deve ser acrescentada a URL de acesso ao Sistema DOI, para que seja feito o acesso direto ao documento a partir da sua referência. Ex.: http://dx.doi.org/nºdoi

1.1 Com autor pessoal

Exemplos

Impresso

Ino K, Singh RK, Talmadge JE. Monocytes from mobilized stem cells inhibit T cell function. J Leukocyte Biol. 1997;61:583-91.

Schiller H, Forster A, Vonhoff C, Hegger M, Biller A, Winterhoff H. Sedating effects of Humulus lupulus L. extracts. Phytomedicine. 2006 Sept;13(8):542-8.

Salgado Júnior W, Santos JS, Cunha FQ. Development of a lethal model of peritonitis for assessment of laparoscopic and laparotomic treatments in rats. Acta Cir Bras. 2007 jan/fev;22(1):39-42.

Eletrônico

Orientações específicas

a) Deve-se acrescentar a data de citação do documento, logo após a data de publicação, seguida de ponto e vírgula.

Exemplo

Salgado Júnior W, Santos JS, Cunha FQ. Development of a lethal model of peritonitis for assessment of laparoscopic and laparotomic treatments in rats. Acta Cir Bras [internet]. 2007 Feb [cited 2007 Feb 28];22(1):[about 4p.]. Available from: http://www.scielo.br/scielo.php?script=sci_arttext&pid=S0102-865 02007000100007&lng=pt&nrm=iso. doi: 10.1590/S0102-86502007000100007

Sallie R. Replicative homeostasis II: influence of polymerase fidelity on RNA virus quasispecies biology: implications for immune recognition, viral autoimmunity and other "virus receptor" diseases. Virol J [internet]. 2005 [cited 2005 Sept 05];2:70. Available from: http://www.virologyj.com/content/2/1/70

1.2 Organização como autor

Orientações específicas

Segue-se o mesmo modelo da referência feita com autores pessoais. Mantêm-se todas as iniciais maiúsculas por tratar-se de nome de uma organização.

Exemplos

Impresso

Group for the Advancement of Psychiatry. Committee on Preventive Psychiatry. Violent behavior in children and youth: preventive intervention from a psychiatric perspective. J Am Acad Child Adolesc Psychiatry. 1999 Mar;38(3):235-41.

Eletrônico

Groupe d'Etude et de Traitement du Carcinome Hepatocellulaire. A comparison of lipiodol chemoembolization and conservative treatment for unresectable hepatocellular carcinoma. N Engl J Med [internet]. 1995 May 11 [cited 2005 Jan 08];332(19):1256-61. Available from: http://content.nejm.org/cgi/content/full/332/19/1256

1.3 Autor pessoal e organização no mesmo artigo

Orientações específicas

É seguida a mesma norma de apresentação para nomes pessoais e organizações. Estes elementos devem aparecer na mesma ordem em que são apresentados no documento, sendo que os autores pessoais são separados do nome da organização por ponto e vírgula.

Exemplos

Impresso

The Metavir Cooperative Study Group; Bedossa P, Poynard T. An algorithm for the grading of activity in chronic hepatitis C. Hepatology. 1996 Aug;24(2):289-93.

Sherman KE, Shire NJ, Rouster SD, Peters MG, Koziel MJ, Chung RT, Horn PS; ACTG 5071/5091s Study Group. Viral kinetics in hepatitis C or hepatitis C/human immunodeficiency virus-infected patients. Gastroenterology. 2005 Feb;128(2):313-27.

Eletrônico

Filippi J, Roger PM, Schneider SM, Durant J, Breittmayer JP, Benzaken S, Bernard A, Dellamonica P, Hebuterne X; Groupe d'Etude Nicois Polyvalent en Infectiologie (GENPI). Infliximab and human immunodeficiency virus infection: viral load reduction and CD4+ T-cell loss related to apoptosis. Arch Intern Med [internet]. 2006 Sep 18 [cited 2007 Feb 5];166(16):1783-4. Available from: http://gateway.ut.ovid.com/gw1/ovidweb.cgi?WebLinkFrameset=1&S=IDN JHKKOKDMKPL 00D&returnUrl=http%3a%2f%2fgateway.ut.ovid.com% 2fgw1%2fovidweb.cgi %3f%26Full%2bText%3dL%257cS.sh.39.54%257c0%257c00000779-200609180-00019%26S%3dIDNJHKKOKDMKPL00 D&directlink=http%3a %2f%2fgraphics.ovid.com%2fovftpdfs%2fIDNJHKKOK DMKPL00D%2ffs0 46%2fovft%2flive%2fgv023%2f00000779%2f00000779-200609180-00019.pdf

1.4 Sem autor

Orientações específicas

De acordo com a norma, não há nenhum destaque especial na entrada por título.

Exemplos

Impresso

A epidemiologia da hipertensão. Cadernos de Atenção Básica. 2006;(15):9-10.

National Library for Health. Accid Emerg Nurs. 2007 Apr;15(2):111.

Eletrônico

Electronic edition for residents [Miscellaneous Article]. Am J Psychiatry [internet]. 2007 Feb [cited 2007 Feb 28];164(2):200. Available from: http://gateway.ut.ovid.com /gw1/ovidweb.cgi?WebLinkFrameset=1&S=IDNJHKKKLBPKPL00D&returnUrl= http%3a%2f%2fgateway.ut.ovid.com%2fgw1%2fovidweb. cgi%3f%26Full %2bText%3dL%257cS.sh.2.14.34.35.37.41%257c0%257c 00000465-200702000- 00007%26S%3dIDNJHKKKLBPKPL00D&directlink= http%3a%2f%2f graphics.ovid.com%2fovftpdfs%2fIDNJHKKKLBP KPL00D%2ffs046% 2fovft%2flive%2fgv023%2f00000465%2f00000465-200702000-00007.pdf

1.5 Artigos em mais de um idioma

Orientações específicas

A referência do artigo deve ser feita no idioma consultado, seguindo o formato-padrão.

Exemplo

Juliano Y, Novo NF, Goihman S, Paiva ER, Leser W. Coeficiente padronizado de anos de vida perdidos, de Haenszel. Comparação com o coeficiente padronizado de mortalidade geral, quanto à utilização como indicador de nível de saúde de populações. Rev. Saúde Pública. 1987 Abr;21(2):108-22.

O artigo também é publicado em inglês, cujo título é: Haenszel's standardized coefficient of lost years of life. A comparison with the standardized coefficient of general mortality with regard to its use as a health level indicator for populations.

Para artigos em idioma de conhecimento restrito ou que possuam grafia especial (japonês, chinês, árabe, russo etc.) utilizar o formato-padrão, com o título traduzido, entre colchetes.

1.6 Periódico em edição traduzida

Orientações específicas

Indica-se a edição consultada, entre colchetes, após a informação do intervalo de páginas.

Exemplos

Impresso

Beteto DL, Bergamann DR. Análise dos efeitos de não sincronia de negociação no mercado de capitais brasileiro. Brazilian Business Review. 2007 jan-abr;4(1): 26-39. [edição brasileira].

Eletrônico

Clarke R, Machado M. Does information technology provide competitive advantage and improve performance? An empirical study of trading companies in Brazil. Brazilian Business Review [internet]. 2006 July-Dec [cited 2007 Jan 12];3(2):[about 25p.]. [English edition]. Available from: http://www.bbronline.com.br/upld/trabalhos/pdf/44_en.pdf

1.7 Periódicos com características especiais

No caso de periódicos com outras subdivisões, além de volume e número, a regra básica é colocar a informação agregada à sua formação principal, ou seja:

- volume com partes ou suplemento: incluir a informação da parte no mesmo "campo" do volume, seguindo o padrão;
- número com partes ou suplemento: incluir a informação da parte no "campo" do número, seguindo o padrão.

1.8 Número especial

Orientações específicas

Qualquer que seja o tipo de número especial, deverá seguir o formato-padrão, sendo indicado entre parênteses o tipo de número especial (nº especial, review etc.).

Exemplos

Impresso

Braga SLN, Sousa AGMR, Pedra CAC, Esteves CA, Pedra SRFF, Fontes VF. Efetividade clínica e segurança do tratamento percutâneo da comunicação interatrial tipo *ostium secundum*, com a prótese Amplatzer®. Arq Bras Cardiol. 2004;83(n.esp.):1-7.

Skuse DH. X-linked genes and mental functioning. Hum Mol Genet. 2005 Apr 15;14(Review):R27-32.

Eletrônico

Tybulewicz V, Fisher EMC. New techniques to understand chromosome dosage: mouse models of aneuploidy. Hum Mol Genet [internet]. 2006 Oct 15 [cited 2006

Jan 12];15(Review 2):R103-9. Available from: http://gateway.ut.ovid.com/gw1/ovidweb.cgi?WebLinkFrameset=1&S=IDNJHKKKDFOPPL00D&returnUrl=h ttp%3a%2f%2fgateway.ut.ovid.com%2fgw1%2fovidweb.cgi%3f%26Ful l%2bText%3dL%257cS.sh.2.14.15.54.60.61.63.67%257c0%257c00008563-200610152-00001%26S%3dIDNJHKKKDFOPPL00D&directlink=http%3a% 2f%2fgraphics.ovid.com%2fovftpdfs%2fIDNJHKKKDFOPPL00D%2f fs046%2fovft%2flive%2fgv023%2f00008563%2f00008563-200610152-00001.pdf

1.9 Nomes de periódico com suplemento no nome

Orientações específicas

Alguns periódicos têm em seu nome a palavra *suplemento* (ou seu equivalente em outras línguas), que é uma série especial de um determinado periódico. As duas publicações podem ter características independentes, como periodicidade e numeração, entre outros. Neste caso, a referência deve seguir o formato-padrão, pois a palavra suplemento é integrante do nome.
Este é o caso, por exemplo, de:

Acta Anaesthesiologica Scandinavica
Acta Anaesthesiologica Scandinavica. Supplementum
Alimentary Pharmacology & Therapeutics
Alimentary Pharmacology & Therapeutics, Supplement
Transfusion Medicine
Transfusion Medicine – Supplement

Exemplos

Impresso

Lillehaug A. Experiences with different vaccines and vaccination procedures to control furunculosis in sea-reared Atlantic salmon. Acta Vet Scand Suppl. 1996;90:57-62.

Eletrônico

Waitzberg DL. Evolution of parenteral lipid emulsions. Clin Nutr Suppl [internet]. 2005 [cited 2006 Dec 05];1:5-7. Available from: http://www.sciencedirect.com/science?_ob=PublicationURL&_cdi=21375&_pubType=J&_auth=y&_acct=C000049647&_version=1&_urlVersion=0&_userid=972052&md5=0f49e86cd3b473161475b69 60008abe7

1.10 Volume com suplemento

Exemplos

Impresso

Teixeira AC, Souza FF, Mota GA, Martinelli ALC, Sankarankutty AK, Castro e Silva O. Transplante hepático: expectativas com escore MELD para alocação de fígado no Brasil. Acta Cir Bras. 2006;21 Supl 1:15-23.

Zeuzem S, Welsch C, Herrmann E. Pharmacokinetics of Peginterferons. Seminars in Liver Disease 2003;23 Suppl 1:23-8.

Jessner W, Watkins-Riedel T, Formann E, Steindl-Munda P, Ferenci, P. Hepatitis C viral dynamics: basic concept and clinical significance. J Clin Virol. 2002 Dec;25 Suppl 3:S31-9.

Shiratori Y, Omata M. Predictors of the efficacy of Interferon therapy for patients with chronic hepatitis C before and during therapy: how does this modify the treatment course? J Gastroenterol Hepatol. 2000 May;15 Suppl:E141-51.

Eletrônico

Perrillo RP. Current Treatment of Chronic Hepatitis B: Benefits and Limitations. Semin Liver Dis [internet]. 2005 Feb [cited 2006 Dec 18];25 Suppl 1:20-8. Available from: http://gateway.ut.ovid.com/gw1/ovidweb.cgi?WebLinkFrameset=1&S=IDNJHKKKEEOAPL00D&returnUrl=http%3a%2f%2fgateway.ut.ovid.com%2fgw1%2fovidweb.cgi%3f%26Full%2bText%3dL%257cS.sh.2.14.15.68.70.74%257c0%257c00007553-200525011-00004%26S%3dIDNJHKKKEEOAPL00D&directlink=http%3a%2f%2fgraphics.ovid.com%2fovftpdfs%2fIDNJHKKKEEOAPL00D%2ffs047%2fovft%2flive%2fgv024%2f00007553%2f0000 7553-200525011-00004.pdf

1.11 Número com suplemento

Indica-se a palavra suplemento (no idioma do documento) logo após o número do volume, seguido do número do suplemento, se houver.

Exemplos

Impresso

Kaufman SC, Rusinek C, Salahuddin A, Ahee J, Prasad Anu. Comparison of the Biocompatibility of Gatifloxacin 0.3% and Moxifloxacin 0.5%. Cornea. 2006 Oct;25(9 Suppl 2):S31-4.

Eletrônico

Hochhaus G. Pharmacokinetic and pharmacodynamic properties important for inhaled corticosteroids. Ann Allergy Asthma Immunol[internet]. 2007 Feb [cited 2007 Feb 28]; 98(2 Suppl 2):S7-S15. Available from: http://gateway.ut.ovid.com/gw1/ovidweb.cgi?WebLinkFrameset=1&S=IDNJHKIDIDCMPL00D&returnUrl=http%3a%2f%2fgateway.ut.ovid.com%2fgw1%2fovidweb.cgi%3f%26Full%2bText%3dL%257cS.sh.2.14.16.63.65.69%257c0%257c0004 2819-200702001-00002%26S%3dIDNJHKIDIDCMPL00D&directlink=http%3a%2f%2fgraphics.ovid.com%2fovftpdfs%2fIDNJHKIDIDCMPL00D%2ffs046%2fovft%2flive%2fgv023%2f00042819%2f00042819-200702001-00002.pdf

1.12 Volume com parte

A informação é colocada logo após o número do volume, entre parênteses, sem espaços, pois, assim como o número, é subdivisão do volume.

Exemplos

Impresso

Derry MC, Sutherland MR, Restall CM, Waisman DM, Pryzdial ELG Annexin 2-mediated enhancement of cytomegalovirus infection opposes inhibition by annexin 1 or annexin 5. J Gen Virol. 2007;88(Pt 1):19-27.

Eletrônico

Chareonsirisuthigul T, Kalayanarooj S, Ubol S. Dengue virus (DENV) antibody-dependent enhancement of infection upregulates the production of anti-inflammatory cytokines, but suppresses anti-DENV free radical and pro-inflammatory cytokine production, in THP-1 cells. J Gen Virol [internet]. 2007 [cited 2007 Feb 2];88(pt 2):365-75.

1.13 Número com parte

A informação deve ser colocada logo após o número e dentro dos mesmos parênteses, separada por espaço.

Exemplos

Impresso

Avci D, Bachmann GA. Osteoarthritis and osteoporosis in postmenopausal women: clinical similarities and differences. Menopause. 2004;11(6 Pt 1 of 2):615-21.

Silas AM, Forauer AR, Perrich KD, Gemery J. Sclerosis of Postoperative Lymphoceles: Avoidance of Prolonged Catheter Drainage with Use of a Fibrin Sealant. J Vasc Interv Radiol. 2006 Nov;17(11 Pt 1):1791-5.

Eletrônico

Shammas NW. Complications in peripheral vascular interventions: emerging role of direct thrombin inhibitors. J Vasc Interv Radiol [internet]. 2005 Feb [cited 2006 Oct 12];16(2 Pt 1):165-71. Available from: http://gateway.ut.ovid.com/gw1/ ovidweb.cgi?WebLinkFrameset=1&S=HMBNIDHAIANJFLHCHKJLICJKILPP AA00&returnUrl=http%3a%2f%2fgateway.ut.ovid.com%2fgw1%2fo vidweb.cgi%3f%26Full%2bText%3dL%257cS.sh.2.14.16.17.41.46%257c0%257c 00002518-200502000-00004%26S%3dHMBNIDHAIANJFLHCHKJL ICJKILPPAA00&directlink=http%3a%2f%2fgraphics.ovid.com%2fovft pdfs%2fIDNJHKJKICHCIA00%2ffs047%2fovft%2flive%2fgv031%2f00002 518%2f00002518-200502000-00004.pdf

1.14 Número sem volume

Mantém-se o formato-padrão, desprezando o campo inexistente.

Exemplo

Metcalfe R. Software choice: decision-making in a mixed economy. Ariadne [internet]. 2005 Jan;(42):[about 3 p.]. Available from: http://www.ariadne.ac.uk/ issue42/metcalfe/

1.15 Título de periódico com série

A série é colocada logo após o nome do periódico, entre colchetes e separada por espaço.

Exemplo

Schubart AS, Mazzoni R. Produtividade de peixes em um riacho costeiro da bacia do Leste, Rio de Janeiro, Brasil. Iheringia [Zoologia] [periódico na internet]. dez 2006;96(4):[cerca de 10 p.]. Disponível em: http://www.scielo.br/scielo.php?script =sci_arttext&pid=S0073-47212006000400002&lng=en&nrm= iso&tlng=pt

1.16 Periódico com dois fascículos com o mesmo número, publicados em datas diferentes

Orientações específicas

Eventualmente, pode ocorrer para volume, número, suplemento etc. Nesses casos é *importante* que se indique a data de publicação, quando a paginação for sequencial no volume, e *imprescindível* para a correta identificação, quando a paginação for independente em cada número.

1.17 Paginação em algarismos romanos

A indicação de página deve ser mantida como aparece (romanos, arábicos, letras).

Exemplo

Chadwick R. Defining bioethics [editorial]. Bioethics [internet]. 2007 Feb [cited 2007 Feb 26];21(2):i. Available from: http://www.blackwell-synergy.com/doi/full/10.1111/j.1467-8519.2007.00525.x

1.18 Indicação de tipo de artigo: seções específicas (cartas, editorial e resumo, entre outros)

Esta indicação deve ser feita logo após o título do artigo, entre colchetes, seguida por espaço e ponto.

Exemplos

Impresso

Chemello L, Cavalletto L, Casarin C, Bonetti P, Bernardinello E, Pontisso P et al. Persistent hepatitis C viremia predicts late relapse after sustained response to Interferon-alpha in chronic hepatitis C [Brief communications]. Ann Intern Med. 1996 June;124(12):1058-60.

Layden JE, Neumann AU, Layden TJ. Authors' reply: first-phase parameters in hepatitis C viral kinetics [Letter to Editor]. J Viral Hepat. 2002 Nov;9(6):466.

Eletrônico

Tempfer CB, Bentz EK, Leodolter S, Tscherne G, Reuss F, Heide S et al. What is new in the area of androgen excess? [Modern trends]. Fertil Steril [internet]. 2007 June [cited 2007 June 13];87(6):1243-9. Available from: http://www.sciencedirect.com/science?_ob=ArticleURL&_udi=B6T6K-4NP3P71-2&_user=972052&_coverDate=06%2F30%2F2007&_rdoc=1&_fmt=full&_orig=browse&_srch=doc-info(%23toc%235033%232007%23999129993%23659503%23FLA%23display%23Volume)&_cdi=5033&_sort=d&_docanchor=&_ct=57&_acct=C000049647&_version=1&_urlVersion=0&_userid=972052&md5=c412b888ee7a876195015e929977a900

1.19 Artigo contendo retratação

A referência é feita seguindo o formato-padrão. Em seguida, é indicado o tipo de artigo (retratação de, retratado em, errata de, errata em) no idioma do documento, seguido de dois-pontos, espaço e a referência do artigo que originou o novo artigo (errata, retratação, correção), sem citar autor e título. Estes só devem ser citados se houver alteração nesses campos.

Exemplos

Impresso
Tost J, Jammes H, Dupont J-M, Buffat C, Robert B, Mignot T-M et al. Non-random, individual-specific methylation profiles are present at the sixth CTCF binding site in the human H19/IGF2 imprinting control region. Nucleic Acids Res. 2007;35(2):701. Retraction of: Nucleic Acids Res. 2006;34(19):5438-48.

Eletrônico
Tost J, Jammes H, Dupont J-M, Buffat C, Robert B, Mignot T-M et al. Non-random, individual-specific methylation profiles are present at the sixth CTCF binding site in the human H19/IGF2 imprinting control region. Nucleic Acids Res. [internet]. 2007 [cited 2006 Feb 5];35(2):701. Available from: doi: 10.1093/nar/gkl657 Retraction of: Nucleic Acids Res [internet]. 2006 [cited 2006 Feb 5];34(19):5438-48. Available from: doi: http://dx.doi.org/10.1093/nar/gkl1107

1.20 Artigo retratado

A referência do artigo é feita seguindo o formato-padrão para artigos de periódicos. Em seguida, incluir Retraction on: seguido da referência do documento onde está a retratação.

Exemplo

Tost J, Jammes H, Dupont J-M, Buffat C, Robert B, Mignot T-M, et al. Non-random, individual-specific methylation profiles are present at the sixth CTCF binding site in the human H19/IGF2 imprinting control region. Nucleic Acids Res [internet]. 2006 [cited 2007 Jan 3];34(19):5438–48. Available from: http://nar.oxfordjournals.org/cgi/content/full/34/19/5438 Retraction in: Tost J, Jammes H, Dupont J-M, Buffat C, Robert B, Mignot T-M, et al. Nucleic Acids Res [internet]. 2007 [cited 2007 Jan 3];35(2):701. Available from: http://nar.oxfordjournals.org/cgi/content/full/35/2/701

1.21 Artigo republicado com correções

Exemplo

Albert AJ, Hebert JR. Cigarette smoking and bladder câncer: a new twist in an old saga? J Natl Cancer Inst. 2010 Jan 20;102(2):138. Corrected and republished from: J Natl Cancer Inst. 2009 Nov 18;101(22):1525-6.

1.22 Artigo com publicação de errata

Orientações específicas

a) Fazer a referência do artigo seguindo o formato-padrão. Após o último dado, incluir: Correção em: ou Correction in: e incluir a referência do artigo onde está a correção, não repetindo os dados de autor e título, se não houver mudança nestes campos.

b) Indicar o termo utilizado na publicação: errata ou correção, na língua do artigo.

Kim J, Reber HA, Dry SM et al. Unfavourable prognosis associated with K-ras gene mutation in pancreatic cancer surgical margins. Gut. 2006;55(11):1598–605. Correction in: Gut. 2006;55(12):1824.

Kim J, Reber HA, Dry SM, et al. Unfavourable prognosis associated with K-ras gene mutation in pancreatic cancer surgical margins. Gut [internet]. 2006 [cited 2007 Jan, 12];55(11):1598–1605. Available from: doi: 10.1136/gut.2005.083063 Correction in Gut[internet], 2006 [cited 2007 Jan 12]; 55(12): 1824. Available from: doi: http://dx.doi.org/10.1136/gut.2005.083063corr1

1.23 Consenso com autoria

A entrada da referência é feita pelo(s) autor(es). O consenso entrará como título, no caso de não haver título específico do trabalho. Caso o trabalho tenha título, o consenso entrará como subtítulo.

Exemplos

Impresso

Bono CM, Vaccaro AR, Fehlings M, Fisher C, Dvorak M, Ludwig S et al. Measurement Techniques for Upper Cervical Spine Injuries: Consensus Statement of the Spine Trauma Study Group. Spine. 2007;32(5):593-600.

Eletrônico

Pariser DM, Bagel J, Gelfand JM, Korman NJ, Ritchlin CT, Strober BE, et al. National Psoriasis Foundation Clinical Consensus on Disease Severity. Arch Dermatol [internet]. 2007 Feb [cited 2007 Apr 7];143(2):239-42. Available from: http://gateway.ut.ovid.com/gw1/ovidweb.cgi?WebLinkFrameset=1&S=EFHM IDDPKBNJLJNHHKJLJCKKDAPPAA00&returnUrl=http%3a%2f% 2fgateway.ut.ovid.com%2fgw1%2fovidweb.cgi%3f%26Full% 2bText%3dL%257cS.sh.36.47%257c0%257c00000737-200702000-00014%26S%3dEFHMIDDPKBNJLJNHHKJLJCKKDAPPAA00&directlink= http%3a%2f%2fgraphics.ovid.com%2fovftpdfs%2fIDNJHKKKJCNHK B00%2ffs046%2fovft%2flive%2fgv023%2f00000737%2f00000737-200702000-00014.pdf

1.24 Consenso sem autoria

Neste caso, a entrada é feita pelo Consenso.

Exemplos

Impresso

ASCO-ESMO Consensus Statement on Quality Cancer Care. J Clin Oncol. 2006;24(21):3948-9.

Eletrônico

Consensus Statement on Surgery Journal Authorship *- 2006. J Trauma [internet]. 2006 [cited 2006 Jan 8];60(6):1153-4. Available from: http://gateway.ut.ovid.com/ gw1/ovidweb.cgi?WebLinkFrameset=1&S=EFHMIDDPKBNJLJNHHKJLJCKK DAPPAA00&returnUrl=http%3a%2f%2fgateway.ut.ovid.com%2fgw1%2 fovidweb.cgi%3f%26Full%2bText%3dL%257cS.sh.36.51%257c0%257c00005373-200606000-00001%26S%3dEFHMIDDPKBNJLJNHHKJLJCKKD APPAA00&directlink=http%3a%2f%2fgraphics.ovid.com%2fovftpdfs% 2fIDNJHKKKJCNHKB00%2ffs046%2fovft%2flive%2fgv025%2f00005 373%2f00005373-200606000-00001.pdf

1.25 Artigo publicado eletronicamente antes da versão impressa

No caso de periódicos eletrônicos, é comum a disponibilização na internet dos artigos aprovados para publicação, permitindo sua utilização em fase de revisão.

A versão definitiva poderá conter alterações, tornando-se importante a menção da versão utilizada, que deve ser feita no idioma do documento.

Exemplo

Jenkins HA, Pergola N, Kasic J. Anatomical vibrations that implantable microphones must overcome. Otol Neurotol. Epub 2007 May 25. Available from: http://gateway.ut.ovid.com/gw1/ovidweb.cgi?WebLinkFrameset=1&S=NBOJIDCPGPNJPJCMHKJLLFELEBPPAA00&returnUrl=http%3a%2f%2fgateway.ut.ovid.com%2fgw1%2fovidweb.cgi%3f%26TOC%3dS.sh.2.14.15.43.45%257c4%257c60%26FORMAT%3dtoc%26FIELDS%3dTOC%26S%3dNBOJIDCPGPNJPJCMHKJLLFELEBPPAA00&directlink=http%3a%2f%2fgraphics.ovid.com%2fovftpdfs%2fIDNJHKELLFCMGP00%2ffs046%2fovft%2flive%2fgv023%2f00129492%2f00129492-900000000-99762.pdf

2 Monografia

Toda obra que é completa, ainda que em mais de um volume. Neste caso, o número de volumes deve ser estabelecido previamente. Caso diferente da publicação seriada, cujo número de volumes não é previamente estabelecido.

2.1 Livro

Autor NP. Título da monografia: subtítulo [suporte]. Número da edição. Tradução de Sobrenome NP. Cidade de publicação: Editora; ano [data de citação]. (Nome da série ou coleção). Notas. Disponível em: URL de acesso.

Orientações gerais

a) Autor: no caso de responsáveis pela obra como editor, compilador, organizador, a palavra indicativa do tipo de responsabilidade deverá ser citada no idioma do documento, após o nome, separada por vírgula, com todas as letras minúsculas e sem abreviação. Ex.: editor, compiler etc.

b) Título: título sem destaque, como se apresenta no documento.

c) Edição: número da edição deve ser indicado na língua original do documento referenciado, após o título. Ex. 2.ed. ou 3rded. ou 2ème.éd.

d) Tradução: indicar o nome de tradutor se considerar importante. Transcrever o nome na ordem indireta, seguido de ponto.

e) Suporte: indicar o tipo de suporte (exceto impresso), CD-ROM ou monografia, entre outros, no idioma do texto, no campo de título, seguido de ponto. Ver Quadro 5, p.148.

f) Notas: para a inclusão de dados que melhor identifiquem o documento referenciado, veja Parte 2, item 9 (p.111).

g) Data: a indicação da data deve usar o formato dia mês abreviado ano, em português e ano mês abreviado e dia, em inglês. Abreviar o mês de acordo com o Quadro 1 (p.104).

Exemplos

Impresso

/ Destaque de nome científico, não de título.

Lee A, Mégraud F. *Helicobacter pylori*: techniques for clinical diagnosis & basic research. 2nded. London: W.B. Saunders; 1996.

Feller C, Gorab R, coordenadores. Atualização na clínica odontológica: módulos de atualização. São Paulo: Artes Médicas, APCD; 2000. 584p.

Garber J, Seligman ME, editors. Human helpleness: theory and applications. New York: Academic Press; 1980.

Odontologia integrada: atualização multidisciplinar para o clínico e o especialista. Rio de Janeiro: Medsi; 2003. 570p.

Toortora GJ, Funke BR, Case CL. Microbiologia. 6.ed. Porto Alegre: Artmed; 2000. 827p.

Putz R, Pabst R, editores. Sobotta: atlas de anatomia humana. Traduzido por Werneck WL. 21.ed. Rio de Janeiro: Guanabara Koogan; 2000. 2v.

Eletrônico

Paulev PE. Textbook in medical physiology and pathophysiology: essentials and clinical problems [monograph on the internet]. Copenhagen: Copenhagen Medical Publisher; 1999-2000 [cited 2007 Feb 21]. Available from: http://www.mfi.ku.dk/ppaulev/content.htm

Gould RL, Lynch HT, Smith RA, McCarthy JF. Cancer and genetics: answering your patients' questions [monograph on the internet]. Atlanta: American Cancer Society; 1977 [cited 2005 Dec 19]. Available from: http://www.cancernetwork.com/genetics/contents.htm

2.1.1 Capítulo de livro com o autor da parte diferente do autor do livro

Neste estilo de referência, cita-se sempre a autoria da parte, mesmo que seja a mesma do livro como um todo, logo, o padrão é mantido.

Orientação específica

Não é indicado o volume ou o capítulo. Cita-se somente o intervalo de páginas.

Exemplos

Schiff JD. Drogas que afetam os receptores nicotínicos. In: Yagiela JA, Neidle EA, Dowd FJ. Farmacologia e terapêutica para dentistas. 4.ed. Rio de Janeiro: Guanabara Koogan; 2000. p.128-39.

Kerr-Pontes LR, Rouquayrol MZ. Medidas da saúde coletiva. In: Rouquayrol MZ, Almeida Filho NA. Epidemiologia e saúde. Rio de Janeiro: MEDSI; 2003. p.37-82.

2.1.2 Capítulo de livro com o mesmo autor da parte e do livro

Exemplo

Brooks GF, Butel JS, Morse AS. Patogenia da infecção bacteriana. In: Brooks GF, Butel JS, Morse AS. Jawets, Melnick e Adelberg: microbiologia médica. 21.ed. Traduzido por Voeux PJ. Rio de Janeiro: Guanabara Koogan; 2000. p.108-16.

2.2 Anais de evento

Editor NP, editor. Título da publicação. Proceedings ou Anais ou Actes do Nº Nome do evento [suporte]; ano mês dia-dia; local. Local de publicação: Editora, ano de publicação. [data de citação]. Disponível em: http: URL de acesso.

Orientações gerais

a) Indicar o número do evento em ordinal, sequencial, abreviado no idioma do evento. O nome do evento se apresenta com as iniciais maiúsculas, sem destaque.

b) Indicar o tipo de suporte (exceto impresso), CD-ROM ou monografia entre outros, no idioma do texto, no campo de título, seguido de ponto.

c) Indicar cidade e país de realização do evento.

d) Indicar o período de realização do evento no formato: ano mês dia inicial-dia final.

Exemplos

Impresso

Budd J, editor. Managing the preservation of periodicals and newspapers. Proceedings of the IFLA Symposium Managing the preservation of periodicals and newspapers; 2000 Aug 21-24; Paris, France. München: Saur, 2002.

Eletrônico

Barthe G, Burdy L, Huisman M, Lanet JL, Muntean T, editors. Construction and analysis of safe, secure, and interoperable smart devices [internet]. Proceedings of the International Workshop, CASSIS 2004: revised selected papers; 2004 Mar

10-14; Marseille, France. Berlin: Springer, 2005 [cited 2007 Mar 12]. Available from: http://www.springerlink.com/content/v6r83yvkk4he/

2.2.1 Trabalhos apresentados em eventos

Indicar autor e título seguindo o padrão para esses elementos, seguidos de: In: e a referência do evento no formato-padrão. Acrescenta-se no final o intervalo de páginas do artigo referenciado.

Exemplos

Impresso
Rollet I. Magasinage initial des périodiques. In: Budd J, editor. Managing the preservation of periodicals and newspapers. Proceedings of the IFLA Symposium Manging the preservation of periodicals and newspapers; 2000 Aug 21-24; Paris, France. München: Saur, 2002. p.67-72.

Eletrônico
Banerjee A, Naumann DA. History-based acess control and secure information flow. In: Barthe G, Burdy L, Huisman M, Lanet JL, Muntean T, editors. Construction and analysis of safe, secure, and interoperable smart devices [internet]. Proceedings of the International Workshop, CASSIS 2004: revised selected papers; 2004 Mar 10-14; Marseille, France. Berlin: Springer, 2005 [cited 2006 Aug 3]. p.27-48. Available from: http://www.springerlink.com/content/mcr4mw9t1fyjd7hm/?p=4317bb12ed574eb8948576b052656351&pi=1

2.3 Tese, dissertação, trabalho de conclusão de curso

Autor NP. Título do trabalho de conclusão de curso ou dissertação ou tese: subtítulo [tipo de monografia e suporte]. Cidade da defesa: Instituição; ano da defesa [citado data da citação]. Disponível em: http: URL de acesso. Acesso em: dia mês abreviado ano.

Orientações gerais

Indicar tipo de documento e suporte (exceto impresso), entre colchetes, após o título, seguido de ponto.
Ex.: [tese na internet] ou [dissertação em CD-ROM].

Exemplos

Impresso

Silva, ICA. Contribuição à vigilância da saúde na cidade do Recife: estudo das desigualdades de condição de vida e saúde – 1996 a 2001 [dissertação]. Recife: Universidade Federal de Pernambuco; 2003.

Papini-Berto SJ. Desnutrição proteico-energética (DPE) no paciente submetido a gastrectomia. Efeito do critério de classificação nutricional, tipo de cirurgia e tempo pós-operatório sobre a incidência e gravidade da DPE [tese]. São Paulo: Universidade de São Paulo; 1998.

Eletrônico

Barros RT. Avaliação angiográfica precoce e tardia dos enxertos de artéria radial utilizada na revascularização cirúrgica do miocárdio [dissertação na internet]. Campinas: Universidade de Campinas; 2002. Disponível em: http://libdigi.unicamp.br/document/?code=vtls000303200

Wissinger EL. The memory CD4 T cell response to experimental murine respiratory syncytial virus infection [dissertation on the internet]. Virginia: University of Virginia; 2007 [cited 2007 Feb 6]. Available from: http://proquest.umi.com/pqdweb?did=1221739091&sid=2&Fmt=2&clientId=5 0423&RQT=309&VName=PQD

Herbner CM. Circumvention of host cell innate immune signaling during human papillomavirus infection [dissertation on the internet]. Illinois: Northwestern University; 2006 [cited 2006 Dec 12]. Available from: http://proquest.umi.com/pqdweb?did=1212780641&sid=2&Fmt=2&clientId=50423&RQT=309&VName=PQD

2.4 Relatório técnico ou científico

2.4.1 Publicado pela agência patrocinadora

Exemplo

COSTA JL (Embrapa Gado de Leite, Juiz de Fora, MG). Sistema intensivo de produção de leite com gado mestiço Holandês x Zebu. Relatório técnico. Juiz de Fora: Embrapa Gado de Leite; 1999. Relatório n.7.

2.4.2 Publicado pela agência executora

Exemplo

Arruda JRF, Nobrega EGO, Pereira AKA, Moreira FJO, Ahmida K, Alves PSL et al. Controle ativo de vibração via intensimetria estrutural. Campinas: Unicamp, Faculdade de Engenharia, Departamento de Mecânica Computacional, Laboratório de Vibroacústica; jan 2002. Relatório final. Proc. FAPESP N.98/0624-2. Fomentado pela Fapesp.

2.5 Guias, manuais, informes

Exemplos

Guia veterinária. Madrid: Departamento Científico de Laboratórios Phinter-Heel; 1993. 198p.

Caetano N, editor. BPR: guia de remédios. 7.ed. São Paulo: BPR – Consultoria, Projetos e Comércio; 2006. 672p.

Organização Mundial de Saúde. CID-10: Classificação estatística internacional de doenças e problemas relacionados à saúde. São Paulo: Ed. USP; 1996. 1191p.

Código Internacional de Doenças [texto na internet; citado em 03 dez 2006]. Disponível em: http://www.esquilamedica.hpg.ig.com.br/CID.htm

Menda ME, organizador. Manual médico: medicamentos genéricos. São Paulo: Lemos; 2002. 141p.

Conselho Regional de Medicina do Estado de São Paulo. Manual de ética médica [texto na internet]. São Paulo; 2001 [citado em 03 dez 2006; cerca de 6p.]. Disponível em: http://www.cremesp.org.br/legislacao/leg_internet/etica_internet.htm

International Standard Organization. Metal-ceramic dental restorative systems. 2^{nd}ed. Geneva; 1999 [ISO 9693]. 13p.

Brasil. Ministério da Saúde. Técnico em higiene dental e auxiliar de consultório dentário: perfil de competências [folheto]. Brasília (DF): Secretaria da Gestão do Trabalho e da Educação na Saúde; 2005. 23p. [Série A: Normas e Manuais Técnicos].

Groth D. Catálogo de identificação de sementes. Campinas: Fundação Cargill; 1988. 182p.

American Dental Association. Endodontic instruments: general requirements [internet]. Washington; 2001 [ANSI/ADA – Specification n. 101-2001; cited 2006

Dec 03]. Available from: http://webstore.ansi.org/ansidocstore/subscriptions/dept.asp?dept_id=3118&pagenum=1

Grupo de Estudo da História da Saúde: Sociedade e Natureza. Memórias da Medicina: catálogo de teses de Medicina do Brasil: 1841-1948 [texto na internet]. Recife: Divisão de Pesquisa, Departamento de História, Universidade de Pernambuco; 2000 [citado em 03 dez.2006; cerca de 200p.]. Disponível em: http://www.ufpe.br/historia/memomedicina.doc

Trevisan M. Mais forte que a AIDS: camisinhas são distribuídas no Dia Mundial contra a AIDS [texto na internet]. Porto Alegre: Unisinos; 2006 [citado em 02 dez 2006; cerca de 2p.]. Disponível em: http://www.juonline.com.br/especial_materia.asp?q_CodEditoria=2&q_CodMateria=5375

3 Outros materiais

3.1 Patente

NOME da entidade responsável (Cidade ou país). Nome do Autor/Inventor na ordem direta. Título da invenção no idioma original. Classificação internacional de patentes (sigla do país seguido do número de depósito), data (dia mês abreviado ano) do depósito, data (dia mês abreviado ano) da publicação do pedido de privilégio/carta patente. Indicação da publicação onde foi publicada a patente. Número de CD-ROM. (ou) Disponível em: http: URL de acesso. Acesso em: dia mês abreviado ano.

Exemplo

Chen J, Chen C, Shiu S, inventors; Grape King Inc., assignee. Compound for inhibiting B type hepatitis antigen and its medicinal or food composition – which is isolated from Antrodia camphorota CCRC-35396 and effectively inhibits the expression of B type hepatitis surface antigen (HbsAg) (HbeAg). Patent Number TW255712-B1. 2004 May 13.

3.2 Artigo de jornal diário

Exemplo

Biderman I. Pesquisas relacionam polivitamínicos a risco de câncer de próstata. Folha de S. Paulo. 31 maio 2007; Equilíbrio:5-6.

3.3 Enciclopédia e dicionário

Exemplos

Impresso

Hendler SS. Enciclopédia de vitaminas e minerais. 9.ed. Rio de Janeiro: Campus; 2002. 756p.

Galvão Filho, S. Dicionário odonto-médico inglês-português. São Paulo: Santos; 1998. 952p.

DEF: dicionário de especialidades farmacêuticas 2004/05. 32.ed. São Paulo: Publicações Científicas; 2005. 1225p.

Eletrônico

RAFE. Enciclopédia saúde [internet; citado em 03 dez 2006]. Disponível em: http://www.rafe.com.br/sql_enciclopedia/encic.asp

Dicionário de psicologia [texto na internet; citado em 03 dez 2006]. Disponível em: http://www.alppsicologa.hpg.ig.com.br/dicionario.htm

3.4 Verbete de dicionário ou enciclopédia

Exemplos

Impresso

Galvão Filho, S. Dicionário odonto-médico inglês-português. São Paulo: Santos; 1998. Thermoset, p.679.

Houaiss A, Villar MS. Dicionário Houaiss da Língua Portuguesa. Rio de Janeiro: Objetiva; 2001. Catalepsia, p.649.

Eletrônico

Dicionário de psicologia [dicionário na internet]. Esquizofrenia [citado em 03 dez 2006]. Disponível em: http://www.alppsicologa.hpg.ig.com.br/dicionario.htm.

Dictionary of genetic terms [Internet]. Amino acid [cited 2007 May 5]. Available from: http://www.ornl.gov/sci/techresources/Human_Genome/publicat/primer2001/glossary.shtml

3.5 CD-ROM

Exemplo

Caraway NP, Katz RL. Lymph nodes. In: Koss LG, Melamed MR, editores Koss'diagnostic cytology and its histopathologic bases[CD-ROM]. 5.ed. Philadelphia: Lippincott Willians & Wilkins; 2006.

3.6 Material audiovisual

Segue o padrão para material impresso, acrescentando-se após o título o tipo de material (suporte).

Exemplo

Organización Panamericana de la Salud. VIHdeo America: una antologia de 10 años de anuncios de televisión sobre el VIH en las Américas [CD-ROM]. Organización Panamericana de la Salud; 2006.

3.7 Material jurídico

Exemplos

Brasil. Lei n.11478 de 29 de maio de 2007. Institui o Fundo de Investimento em Participações em Infraestrutura – FIP-IE e dá outras providências. Diário Oficial da União, Brasília (DF); 30 maio 2007; Seção 1:2.

Brasil. Ministério da Cultura. Instituto do Patrimônio Histórico e Artístico Nacional. Departamento do Patrimônio Material e Fiscalização. Gerência do Patrimônio Arqueológico e Natural. Portaria n.60 de 27 de fevereiro de 2007. Dispõe sobre a permissão para realizar o programa de diagnóstico e prospecção do patrimônio arqueológico da PCH Jurumirim, no Estado de Minas Gerais. Diário Oficial da União, Brasília (DF); 28 fev 2007; Seção 1:20.

3.8 Mapas

Seguir o padrão do material impresso, acrescentando-se, após o título, o tipo de material entre colchetes.

Exemplo

Trainini DR, Giovannini CA, Ramgrab GE, Viero AC, cartógrafos. Carta geoambiental da região hidrográfica do Guaíba [mapa]. Porto Alegre: CPRM; 2001.

3.9 *Home page*

URL [Internet]. Local: Instituição Responsável; ano [data de citação]. Disponível em: http: URL de acesso. Acesso em: dia mês abreviado ano.

Exemplos

Diabetes.org.br [Internet]. São Paulo: Sociedade Brasileira de Diabetes; c2006 [citado em 11 maio 2006]. Disponível em: http://www.diabetes.org.br

Familydoctor.org [Internet]. American Academy of Family Physicians; c2007 [updated 2007 June 4; cited 2007 June 4]. Available from: http://familydoctor.org/online/famdocen/home.html

3.9.1 Parte de *home page*

Exemplo

Associação Brasileira de Enfermagem em Nefrologia [home page na internet]. São Paulo: SOBEN; c2007 [citado em maio 2007]. Estatuto; [cerca de 4 telas]. Disponível em: http://www.soben.com.br/estatuto.php

Quadro 5 – Termos utilizados na referência, em diversos idiomas

Português	Monografia na internet	Internet	Citado	Disponível em
Inglês	Monograph on the internet	Internet	Cited	Available from
Francês	Monographie sur l'internet	Internet	Cité	Disponible en
Espanhol	Monografía na internet	Internet	Citado	Disponible em
Italiano	Monografia nell'internet	Internet	Citato	Disponibile in

Quadro 6 – Símbolo internacional das unidades de medida

Grandeza	Nome	Plural	Símbolo
comprimento	metro	metros	m
área	metro quadrado	metros quadrados	m^2
volume	metro cúbico	metros cúbicos	m^3
ângulo plano	radiano	radianos	rad
tempo	segundo	segundos	s
frequência	hertz	hertz	Hz
velocidade	metro por segundo	metros por segundo	m/s
aceleração	metro por segundo por	metros por segundo	m/s^2
massa	quilograma	quilogramas	kg
massa específica	quilograma por metro cúbico	quilogramas por metro cúbico	Kg/m^3
vazão	metro cúbico por segundo	metros cúbicos por segundo	m^3/s
quantidade de matéria	mol	mols	mol
força	newton	newtons	N
pressão	pascal	pascals	Pa

continuação

Grandeza	Nome	Plural	Símbolo
trabalho, energia, quantidade de calor	joule	joules	j
potência, fluxo de energia	watt	watts	W
corrente elétrica	ampère	ampères	A
carga elétrica	coulomb	coulombs	C
tensão elétrica	volt	volts	V
resistência elétrica	ohm	ohms	Ω
condutância	siemens	siemens	S
capacitância	farad	farads	F
temperatura Celsius	grau Celsius	graus Celsius	°C
temp. termodinâmica	Kelvins	Kelvins	K
intensidade luminosa	candela	candelas	cd
fluxo luminoso	lúmen	lumens	lm
iluminamento	lux	lux	lx

Fonte: http://www.inmetro.gov.br/consumidor/unidLegaisMed.asp#n_plural

Referências bibliográficas

ASSOCIAÇÃO BRASILEIRA DE NORMAS TÉCNICAS. *NBR 6023:* informação e documentação: elaboração. Rio de Janeiro, 2002. 24p.

INTERNATIONAL COMMITEE OF MEDICAL JOURNAL EDITORS. Uniform requeriments for manuscripts submitted to biomedical journals. Writing and editing for biomedical publication: update 2004 Oct. [internet]. Vancouver [Canada] [cited 2006 Nov 7]. Available from: http: www.icmje.org

ROTHER, Edna Terezinha; BRAGA, Maria Elisa Rangel. *Como elaborar sua tese*: estrutura e referência. 2.ed. rev. e ampl. São Paulo; 2005. 122p.

Parte 4

Apresentação de citações

1 A apresentação de citações em um trabalho científico

A citação é a menção no texto de informação extraída de outra fonte (documentos, palestras, conferências e entrevistas, entre outras).

Há uma questão que parece central na justificativa do real significado e importância da normalização dos trabalhos acadêmicos: o respeito ao leitor. A atitude respeitosa e o rigor ao publicar estão na indicação correta e completa das fontes (referências) utilizadas na pesquisa, possibilitando sua recuperação por parte de qualquer leitor e na indicação fundamental dos autores citados direta ou indiretamente, atribuindo o devido crédito às autorias.

Na prática diária em bibliotecas e centros de informação, deparamos com muitos autores indignados porque não se "reconhecem" no texto em que foram indiretamente citados – por falta de rigor acadêmico –, ou ainda por se reconhecerem no texto de outro autor que não lhes atribuiu autoria, nem sequer os mencionou (grave omissão).

Outro exemplo seria o caso das epígrafes. Atualmente, ao normalizar um documento, estas devem ser tratadas como uma citação direta; ou seja, uma epígrafe deve conter a indicação de autor, ano e página da publicação, apresentando a referência completa da fonte na lista final de referências. Muitos autores acham essa medida desnecessária e exagerada, mas há certamente uma justificativa para esse "rigor": a facilidade do uso de epígrafes sem indicação de fonte abriu grave precedente e permitiu a troca e a atribuição errada de autorias. A obrigatoriedade da indicação da fonte impede essa prática, além de proporcionar ao leitor um aprofundamento no tema tratado, se assim o desejar. Muitas vezes é fundamental saber em qual contexto o autor "desenvolveu aquela ideia".

A citação pode ser apresentada no texto ou em notas de rodapé.

É importante notar que a indicação de autoria, seja na citação direta ou indireta, deve corresponder exatamente à entrada que a obra que originou esta citação estará na lista de referências, de maneira que possa ter acesso ao documento de onde a citação foi extraída. Desta maneira, se a entrada da obra na lista de referências for feita pelo autor, é este que deve contar no texto onde é citado. Se a entrada for por título, deverá aparecer o título da obra na citação.

ENSAIO de orquestra (filme-vídeo). Direção de Frederico Felini. Rio de Janeiro: Globo Vídeo, 1979. 93 min., color., son., VHS, v.o., italiana, leg. Português.

2 Tipos de citação

As citações podem ser apresentadas da seguinte forma:

2.1 Citação direta

É a transcrição textual do todo ou trecho de obra consultada, em que são respeitadas as características formais em relação à redação, ortografia e pontuação originais, portanto, é necessário indicar as páginas do trecho citado.
O tamanho da citação determina sua apresentação no texto.

2.1.1 Citação direta de até três linhas

Orientações específicas

a) Fazer a indicação entre aspas duplas e incorporar ao parágrafo.

b) A indicação de supressão de texto se faz com três pontos entre colchetes [...].

c) A ABNT recomenda que seja colocado um ponto, quando o final da citação coincide com o final do período do autor. Outro ponto seria colocado após a indicação da referência. Nesta norma, adotamos como diretriz a inclusão do ponto após a indicação da referência.

Exemplos

Em se falando de profissões humanistas "[...] prescreve-se menos que nas profissões técnicas, o que exige dos profissionais, de modo geral, um nível bastante elevado de qualificação" (PERRENOUD, 2002, p.11).

Segundo Guareschi (1985, p.15) "[...] a escola de Frankfurt sustenta que a sociedade capitalista entrou num estágio radicalmente diferente [...]".

2.1.2 Citação direta de mais de três linhas

Orientações específicas

a) Recuo no texto, de 4 cm da margem esquerda.
b) Recuo de parágrafo quando o início da citação coincide com o início do parágrafo citado.
c) Fonte 1 ponto menor que a do texto.

d) A não colocação de aspas.
e) Espaço de uma linha simples antes e depois do parágrafo.
f) Espaço simples nas entrelinhas.
g) A ABNT recomenda que seja colocado um ponto quando o final da citação coincide com o final do período do autor. Outro ponto seria colocado após a indicação da referência. Nesta norma, adotamos como diretriz a inclusão do ponto antes da indicação da referência.

Exemplos

Segundo Lima (1984, p.98-9):

Se se observam desnivelamentos brutais, dentro de uma sociedade, nos graus de maturação psicológica, é que esta sociedade não sistematizou e institucionalizou os instrumentos de estimulação do crescimento mental de todos os indivíduos das novas gerações. A presença de bem-dotados no corpo social deve ser explicada, sobretudo, por motivos ligados a condições privilegiadas, durante o período de desenvolvimento. A presença de uma biblioteca, por exemplo, cria condições excepcionais de desenvolvimento mental.

Evidencia-se que

[...] a libertação dos controles e das formas tradicionais de autoridade permite a felicidade, mas não a garante; ela chama a liberdade, mas ao mesmo tempo a sujeita à organização centralizada da produção e do consumo. (TOURAINE, 1999, p.11)

Conforme Reich (1993, p.3):

[...] não haverá produtos ou tecnologias nacionais, nem corporações nacionais e nem tampouco indústrias nacionais. Não haverá mais economias nacionais, pelo menos da forma como costumávamos entender tal conceito.

2.2 Citação indireta

Citação indireta é o texto baseado na obra ou ideias do autor consultado. Portanto, neste tipo de citação, não há necessidade de indicação das páginas consultadas.

O ponto final é colocado após a chamada bibliográfica sempre que a citação for indireta, pois esta também faz parte da frase. É comum vermos a pontuação antes da indicação da autoria, como se esta não fizesse parte da frase.

Exemplos

A cibernética é resultante da colaboração entre um biólogo e um matemático (LIMA, 1984).

Segundo Dulac (1932), o cinema é uma arte e uma indústria.

Conforme Salmon (2000), as TICs provocaram um impacto no ensino e na aprendizagem.

2.3 Citação de citação

Trata-se de uma citação (direta ou indireta) em que não foi possível obter o documento original.

A citação de citação deve ser evitada, restringindo-se seu uso aos seguintes casos:

a) documento de difícil localização;

b) documento muito antigo e de manuseio restrito, como obras raras; e

c) quando o documento apresenta barreira linguística que dificulta uma interpretação fiel.

No texto, a citação de citação deve ser apresentada pelo(s) sobrenome(s) do(s) autor(es) do documento não consultado seguido do ano e da expressão apud, que significa (citado por) e do sobrenome(s) do(s) autor(es) da referência consultada, ano e página.

Deve-se sempre indicar, no texto, o ano da obra de onde foi extraída a citação original, e sua referência completa em nota de rodapé, excetuando-se o caso em que não há nenhuma indicação bibliográfica por parte do autor que a cita.

Exemplos

Segundo Boltanski (1982 apud MATTELART, 2005, p.61)[1] "[...] administradores autóctones, economicamente competentes e politicamente seguros [...]".

a) Apresentação da referência citada em nota de rodapé:

1 BOLTANSKI, L. *Lês cadres*: la formation d'um groupe social. Paris: Minuit, 1982.

A primeira descrição da *Acetobacter xylinium* foi realizada no século XIX (BROWN, 1886 apud JONAS; FARAH, 1998, p.101).[2]

2 BROWN, A. J. *Journal of the Chemical Society*, London, v.49, p.432, 1886.

b) Apresentação da referência da obra consultada na lista de referências:

MATTELART, Armand. *Diversidade cultural e mundialização*. Tradução de Marcos Marcionilo. São Paulo: Parábola, 2005. 167p. Original de: Diversité culturelle et mondialisation.

2.4 Citação de informação verbal (palestras, conferências, aulas, comunicações e outras)

Deve-se indicar com a expressão "informação verbal", dentro de parênteses no texto, apresentando os dados da referida citação, em nota de rodapé.

Exemplos

Este fenômeno, porém, foi observado por outros pesquisadores em monoinfectados (informação verbal).[1]

---

1 Informação fornecida por Bart Haagmans, durante Congresso de Infectologia em Montreal, 2005.

Segundo Lourenço (informação verbal)[1] é possível recuperar a capacidade do cérebro [...].

---

1 Palestra proferida pelo Prof. José de Lourenço em 19/03/2007 intitulada Cérebro: conquiste e recupere sua capacidade, promovida pela Universidade Estadual Paulista/PROEX- Pró-Reitoria de Extensão Universitária/ Universidade Aberta à Terceira Idade (UNATI).

2.5 Citação de trabalhos em fase de elaboração

Trabalhos em fase de elaboração devem ser indicados com a expressão "trabalho em fase de elaboração", informando os dados disponíveis em nota de rodapé.

Exemplo

Determinou-se a composição fitoquímica de fração não volátil da fruta fennel e avaliou-se a atividade antioxidante (em fase de elaboração).[1]

---

1 MARINO, Simona de. et al. Phenolic glycosides from *Foeniculum vulgare* fruit and evaluation of antioxidative activity. Artigo aprovado para publicação no periódico *Phytochemistry*, New York, 2007.

2.6 Citação direta com omissões e/ou acréscimos de texto

a) As omissões ou acréscimos de texto são utilizadas desde que não percam o sentido do texto original, sendo representadas por reticências entre colchetes [...].

b) As interpolações, acréscimos ou comentários em uma citação são indicadas dentro de colchetes [ ].

Exemplos

> A semântica [...] é o estudo do significado tal como esse se expressa através da linguagem. Para falar de ciência ou de qualquer matéria, temos que expressar relações entre os significados de diferentes conceitos e a semântica é o estudo de como usamos a linguagem para fazer isto. (LEMKE, 1997, p.12)

Segundo Garnica (1997, p.111), "[...] não existirá neutralidade do pesquisador em relação à pesquisa – forma de descortinar o mundo –, pois ele atribui significados, seleciona o que do mundo quer conhecer [...]".

De acordo com Lima (1984, p.94), "Piaget estranha que os sociólogos não tenham dado maior importância ao fluxo das novas gerações, nas mudanças sociais [...]".

> Para que, num indivíduo, surja uma "grande ideia" não é necessário que seja um "gênio" [supondo-se que existam gênios, o que é duvidoso]. Basta que nele se tenham aglutinado [sintetizado] informações das mais diversas procedências [donde se conclui quanto pode ser estéril a extrema especialização]. (LIMA, 1984, p.121)

"A aprendizagem da linguagem mostra bem este momento ótimo: a linguagem não aparece nem antes, nem depois de determinado momento do desenvolvimento físico e mental [ver o 'menino lobo']" (LIMA, 1984, p.84).

Segundo Koning (1992, p.83),

> [...] esta crença baseia-se no que aconteceu ao cruzar a linha de quatro-centenas e cinquenta milhas a oeste dos Açores. [Isto é, cerca de trinta e cinco graus oeste]. Ao atravessá-la, indo para oeste, os navios delicadamente subiram para perto do céu e o tempo ficou agradável.

2.7 Citação direta com destaque ou ênfase de texto, incorreções ou incoerências

Orientações específicas

a) Quando houver aspas nos trechos citados, substituí-las por apóstrofo ou aspas simples.

b) Quando for destaque do autor consultado: manter o destaque e utilizar a expressão "grifo do autor" no final da citação logo após o ano/página.

c) Quando se deseja evidenciar trechos na citação e o destaque não for do autor da citação, deve-se indicar o destaque em itálico e deve ser utilizada a expressão "grifo nosso". Nos casos em que a citação estiver em itálico, o destaque será dado utilizando-se a fonte não italizada.

d) Nos casos em que o trecho citado for traduzido pelo autor, indicar entre parênteses a expressão "tradução nossa", no final da citação, logo após o ano e página.

e) Se houver incorreções e incoerências em trechos citados pelo autor citante, indicar através do uso da expressão latina sic entre colchetes [sic], que significa "assim mesmo" na língua portuguesa.

Exemplos

"No meio ambiente de sistema de informação, a aplicação de 'orientação para marketing' se faz, inicialmente e necessariamente, com um estudo dos vários segmentos do mercado [...]" (FIGUEIREDO, 1991, p.128, grifo do autor).

Conforme Koch (2003, p.11, grifo do autor):

> segundo as teorias da atividade verbal, o texto resulta de um tipo específico de atividade a que autores alemães denominam '*Sprachiches Handeln*', entendendo por *handeln* todo tipo de influência consciente, teológica e intencional de sujeitos humanos, individuais ou coletivo, sobre seu ambiente natural e social.

A pesquisadora destaca que

> [...] o *conhecimento enciclopédico ou conhecimento de mundo* é aquele que se encontra armazenado na memória de cada indivíduo, quer se trate de conhecimento do tipo declarativo [proposições a respeito dos fatos do mundo], quer do tipo episódico [...]. (KOCH, 2003, p.32, grifo nosso)

E que

[...] todo texto é *perpassado por vozes de diferentes enunciadores, ora concordantes, ora dissonantes,* o que faz com que se caracteriza o fenômeno da linguagem humana, como bem mostrou Bahktin (1929), como essencialmente dialógico e, portanto, polifônico (KOCH, 2003, p.74, grifo nosso).

O que gostaríamos de elucidar é que "[...] desde luego, es *imposible evaluar um tesauro* si no se hace en condiciones de uso real" (Lancaster, 1995, p.174, grifo nosso).

"Portanto, à concepção de texto aqui apresentada subjaz o postulado básico de que o *sentido não está no texto,* mas se *constrói a partir dele,* no curso de uma interação" (KOCH, 2003, p.30, grifo do autor).

"[...] *o* processamento textual, quer em termos de produção, quer de compreensão, deve ser visto também como uma *atividade* tanto de caráter linguístico, como de caráter sociocognitivo" (KOCH, 2003, p.31, grifo do autor).

A atividade de leitura na indexação de jornais como temos visto ocorre em momentos simultâneos entre a leitura, identificação e seleção de conceitos, pois,

[...] indexar jornal implica na leitura hábil e rápida das notícias enquanto seleciona conceitos indexáveis. E o principal dever dos indexadores é tornar os conteúdos das notícias acessíveis pela indexação da abordagem dos assuntos. Eles devem juntar artigos informativos relacionados pela atribuição de descritores adequados [...]. (AHMAD, 1991, p. 257, tradução nossa)

Segundo Bonavides (2005, p.210),

[...] a matéria constitucional que na Carta de 1934 poderia ser objeto de revisão, ficando portanto excluída de mudança por via de emenda, constava do caput do art. 178 e de suas remissões. Referia-se aos seguintes pontos fundamentais: a estrutura política do Estado, a organização ou a competência dos poderes da soberania, a coordenação dos poderes na organização federal, a Justiça dos Estados, do Distrito Federal e dos Territórios, a declaração de direitos, a autorização do Poder Legislativo para declarar o estado de sítio, o plano sistemático e permanente de combate às secas nos Estados do Norte [sic], a representação proporcional e o voto secreto e a própria matéria do art. 178 que disputa sobre a emenda ou a revisão constitucional.

Enfim, tudo aqui é uma desordem, pela falta de providências em tudo: todas as cordas da fragata estão podres, menos as encarcias [sic] [enxárcias]; todas as velas estão avariadas, de sorte que se rasgam com qualquer viração [...] a tripulação não presta e em semelhante estado ficaremos perdidos, se por nossa desgraça formos acometidos de algum temporal rijo. (MARROCOS, 1934, p.29-30 apud WILCKEN, 2005, p.170)

2.8 Citação de nomes científicos

Orientação específica

a) Quando nomes científicos aparecem em trecho citado, devem ser grafados em itálico.

Exemplos

Ressalta-se que o biopesticida se demonstrou eficaz no combate ao ácaro-rajado (*Tetranychus urticae*) (SCHMIDT, 2007, p.3).

De acordo com Feres (2007, p.3), os ácaros (*Calacarus heveae*, *Tetranychus urticae* e *Tetranychus ogmophallus*) atingem mais, respectivamente, seringueiras, plantas ornamentais e lavouras de amendoim.

2.9 Citação de obras clássicas

Orientações específicas

a) Incluem-se nesta categoria textos clássicos, da Antiguidade greco-latina ou não, que possuem divisão própria, comum a qualquer edição.

b) A indicação de ano e página que compõe a chamada bibliográfica convencional é substituída pelo título da obra, seguido da numeração referente ao canto, verso ou estrofe; livro, parágrafo ou coluna.

c) Nomes próprios gregos e romanos devem seguir as formas latinas já consagradas, e.g., Platão, Cícero, Beócia. Verificar, a respeito, o item 1.3.10 da Parte 2 (p.93).

d) A apresentação das obras citadas na lista de referências segue o padrão adotado na Parte 1 desta Norma.

Exemplos

Quando o autor não faz parte do texto

"Turno, agitada el alma de amor, clavando en la muchacha la mirada arde cada vez más em ânsias de pelea" (VIRGÍLIO, Eneida, XII, 70).

"Cinco Reis Mouros são os inimigos,
Dos quais o principal Ismar se chama;" (CAMÕES, Os Lusíadas, III, 44).

Quando o autor faz parte do texto

Ao perguntar o porquê da preferência pelo canto acompanhado do *aulós* ao canto acompanhado *da lýra*, Aristóteles (Problemas, XIX, 43) nos dá uma pista sobre o motivo da escolha do primeiro no acompanhamento das atividades físicas.

2.10 Citação de poemas

Orientações específicas

A apresentação dos poemas pode-se dar das seguintes formas:
a) Conservando-se a sua composição original, separados do texto, recuados 4 cm à margem esquerda – quando isso não interferir na sua estrutura formal –, sem aspas, espaço simples entrelinhas e fonte menor.

b) Inseridos no texto, entre aspas, separando os versos com uma barra oblíqua e as estrofes com duas barras.

Exemplos

> **Poema da necessidade**
> É preciso casar João,
> é preciso suportar, Antônio,
> é preciso odiar Melquíades,
> é preciso substituir nós todos.
> É preciso salvar o país,
> é preciso crer em Deus,
> é preciso pagar as dívidas,
> é preciso comprar um rádio,
> é preciso esquecer fulana.
> É preciso estudar volapuque,
> é preciso estar sempre bêbado,
> é preciso ler Baudelaire,
> é preciso colher as flores
> de que rezam velhos autores.
> É preciso viver com os homens
> é preciso não assassiná-los,
> é preciso ter mãos pálidas
> e anunciar O FIM DO MUNDO.
> (Andrade, 2001, p. 21)

Como nos aponta Cecília Meireles (1983, p.135) em seu poema "O vento": "O cipreste inclina-se em fina reverência / e as margaridas estremecem, sobressaltadas.// A grande amendoeira consente que balancem [...]".

L'école de beaux-artes

Dans une boîte de paille tressée
Le père choisit une petite boule de papier
Et il la jette
Dans la cuvette
Devant ses enfants intrigués
Surgit alors
Multicolore
La grande fleur japonaise
Le nénuphar instantané
Et les enfants se taisent
Émerveillés
Jamais plus tard dans leur souvenir
Cette fleur ne pourra se faner
Cette fleur subite
Faite pour eux
A la minute
Devant eux.
(PRÉVERT, [1957], p.160)

2.11 Citação de *home page*

Orientação específica

a) Quando se citarem informações de *home page*, deve-se indicar a instituição ou pessoa responsável intelectual ou comercial pela *home page* seguido do ano de acesso.

Exemplos

Você pode encontrar a informação de como excluir arquivos em cache do seu computador (GOOGLE, 2007).

Evidencia-se, segundo o Google (2007), que você pode encontrar a informação de como excluir arquivos em cache do seu computador.

O portal do estudante de graduação traz informações sobre: boletim, créditos R.U, histórico escolar e renovação de matrícula (UNIVERSIDADE ESTADUAL DE LONDRINA, 2007).

3 Sistemas de chamada das citações no texto

A chamada das citações no texto pode ser realizada por dois sistemas: autor-data e sistema numérico. A Editora UNESP adota, em suas publicações, o sistema autor-data, por considerá-lo mais objetivo e econômico. No entanto, se houver trabalhos em que a aplicação desse sistema implique imprecisões, pode-se adotar o método de referências em rodapé. Ressalta-se que o autor deve fazer opção por um único sistema de chamada, mantendo-o ao longo de todo o trabalho.

3.1 Sistema autor-data

Orientações gerais

a) No caso de citações recuadas, o ponto final é colocado no final do texto citado, antes da indicação da referência. Para citações inseridas na sentença, o ponto deve ser colocado após a indicação da referência (ver item 2.1.1, letra c, p.155).

b) Em todos os casos, o sobrenome do autor, quando não inserido no texto, deve ser grafado em caixa alta.

Exemplos

> É tentador pensar que deve existir algum conjunto definido de regras ou princípios que permita aos usuários de um idioma produzir e entender a emissões metafísicas, e que essas regras ou princípios devem ter algo como um caráter algorítmico tal que, dada uma aplicação estrita das regras, ter-se-ia a interpretação correta de qualquer metáfora. (SEARLE, 2002, p.206)

Segundo Lima (1984, p.22), "[...] o papel do educador é garantir que os desequilíbrios estejam sempre presentes, levando o organismo a construir novas estruturas".

Conforme Van Dijk (1983), o conhecimento da estrutura textual é uma variável importante no desenvolvimento de habilidades de leitura.

3.1.1 Autor pessoal

Orientações específicas

a) Para obras com um autor: escrever o sobrenome em caixa alta, seguido do ano e do número da página citada.

b) Para obras com dois autores: escrever os dois sobrenomes separados por ; (ponto e vírgula), seguidos pelo ano e página citada.

c) Para obras com até três autores: separar o três sobrenomes com ; (ponto e vírgula), seguidos pelo ano e número de página.

d) Mais de três autores: indicar o primeiro autor e colocar a expressão et al. (do latim et alii, que significa e outros).

Exemplos

"Esta definição do actor está evidentemente incompleta: ela só diz respeito ao seu investimento semântico" (COURTÉS, 1979, p.121).

"*Trópico de câncer* é um romance narrado na primeira pessoa, ou uma autobiografia em forma de romance, como preferimos encará-lo" (ORWEL, 2005, p.95).

Os protocolos verbais são definidos como relatos verbais dos processos mentais conscientes do sujeito. Em outras palavras, eles se referem ao "Pensar Alto" do sujeito enquanto realiza uma tarefa de qualquer natureza (CAVALCANTI; ZANOTTO, 1994).

Nem todos os professores seguiram esse processo, assim como nem todos assimilaram da mesma maneira os aspectos de fundamentação de suas decisões curriculares. (HERNANDEZ; VENTURA, 1998, p.31)

Evaluating cell populations in peripheral blood of patients who received specific chemotherapy is extremely important in determining the role of the parasite and the immune system in the pathological development of Chagas disease (GONTIJO; GALVÃO; ELOI-SANTOS, 2010).

Segundo Marino et al. (2007) determinou-se a composição fitoquímica de fração não volátil da fruta fennel e avaliou-se a atividade antioxidante (em fase de elaboração).

A definição de Direito, segundo Reale (1977, p.257), é a "[...] soma de atos que as gerações vão vivendo, umas após outras, dominadas, todas, pelo ideal que chamamos de justo [...]".

Para Naves (1998, p.86), "A dicção profana que se instaura na França permite a manifestação do humor e do prosaico".

O popranolol e o atenolol são muito utilizados nos tratamentos de hipertensão, angina e arritmias cardíacas (HOFFMAN, 2003).

3.1.2 Autor entidade

Orientações específicas

a) Quando a referência do autor está entre parênteses, fora do texto, indicar o nome da entidade por extenso na primeira citação. Nas citações seguintes, utilizar o nome abreviado, conforme apresentado na lista de referências (ver item 1.2, Parte 2, p.90).

b) Para a citação dentro do texto, pode-se utilizar o nome abreviado, conforme apresentado na lista de referências.

Exemplos

Logo após a publicação desse texto, o presidente Bill Clinton declarou que a aids era um "problema de segurança" para os Estados Unidos (CABLE NEWS NETWORK, 2000, tradução nossa).

O presidente Bill Clinton declarou na CNN (2000, tradução nossa) que a aids era um "problema de segurança" para os Estados Unidos.

3.1.3 Citação sem indicação de autoria

Orientações específicas

a) Indicar o título da obra, mencionando a primeira palavra do título seguida de reticências, ano de publicação e página (no caso de citação direta), separados por vírgula e entre parênteses.

b) Nas citações pelo título, quando este iniciar-se por artigo (definido ou indefinido) ou monossílabo, devem-se mantê-los na indicação da fonte; sempre que o título for citado dentro do parênteses deve-se utilizar letra maiúscula e na lista de referências seguem-se as diretrizes do item 1.1.3, Parte 2, p.90.

Exemplos

Como podemos verificar em *A canção dos nibelungos* (1993), deixaram seus aposentos oitenta e seis damas elegantemente vestidas.

> Com vinte e quatro braceletes incrustados de pedras preciosas ela retribuiu. O herói não pretendia ficar com eles e logo presenteou-os aos íntimos da princesa que se encontravam no aposento. Sua mãe agradeceu-lhe amavelmente. (A CANÇÃO..., 1993, p.92)

3.1.4 Citação de vários trabalhos de autores diferentes

Orientações específicas

a) Na citação de vários autores, deve-se separá-los por ponto e vírgula dentro de parênteses.

Exemplos

Evidenciam-se os autores que debatem as antinomias da Carta Magna (Delgado, 2001, 2005; Nascimento, 2000; Siqueira Neto, 1996).

Na interpretação de Moraes (2005), Ferreira Filho (1998), Marinho (1996) e Veloso (1998), os arts. 1º e 18º da Constituição de 1988 garantem a organização constitucional federalista.

3.1.5 Citação de autores com o mesmo sobrenome

Orientações específicas

a) Devem-se indicar também as iniciais dos prenomes e, se ainda houver coincidência, apresentam-se os prenomes por extenso.

Exemplos

(LIMA, C., 1996)

(LIMA, F., 1990)

(LIMA, Fernando, 1984)

(LIMA, Francisco, 1984)

3.1.6 Citação de trabalhos de um mesmo autor com anos de publicação diferentes

Na citação de mesmo autor com várias publicações, deve-se indicar após o(s) nome(s) os respectivos anos em ordem cronológica, separados por vírgula, dentro de parênteses.

Exemplos

a) Várias obras de um mesmo autor:

(ALMEIDA, 1986, 1990, 1995)

(BACHOF, 1987, 1994)

b) Várias obras de um mesmo grupo de autores:

(OLIVEIRA; FERREIRA; COSTA, 1995, 1999, 2004)

(BACHOF et al., 1987, 1994)

Na citação de autores de sobrenomes iguais, estes devem ser acompanhados de prenome.

Exemplo

(ACCIOLY, M.; ACCIOLY, A.; SILVA, 1968, 1996)

3.1.7 Citação de trabalhos de um mesmo autor com anos iguais de publicação

Distingui-los atribuindo letras minúsculas em ordem alfabética, após o ano, sem espaçamento e dentro de parênteses.

Exemplos

Conforme Silva (2000a)
(SILVA, 2000b)

De acordo com Bastos (1994a)
(BASTOS, 1994b)

3.1.8 Citação sem ano de publicação

Quando possível, indicar as iniciais de década ou século, seguida de hífen referente ao ano ou década desconhecida entre colchetes. Ver orientações na Parte 2, item 6 (p.103).

Exemplo

"Através do desenho infantil, descobriu as etapas da construção da imagem mental e as primeiras articulações do pensamento intuitivo" (LIMA, [198-], p.143).

3.1.9 Referência de material em repositório e biblioteca digital

Referência do material de acordo com a norma para este tipo de trabalho. In: Instituição. *Serviço*. Local: editor, ano da disponibilização. Notas. Disponível em: URL de acesso. Acesso em: dia mês abreviado ano.

Quando o editor for a mesma entidade responsável pelo serviço digital, não incluir esta informação.

Exemplos

ROCHA, Acílio da Silva Estanqueiro. Acerca da gnoseologia de Lévi-Strauss: do sentido da 'inteligibilidade' à inteligibilidade do 'sentido'. Diacrítica, vol. 23, nº 2, p.75-88, 2009. In: UNIVERSIDADE DO MINHO. RepositoriUM. Braga, 2010. Disponível em: http://hdl.handle.net/1822/10168. Acesso em: 25 abr. 2010.

POSSAN, Magali A. A malha entrecruzada das ações: as experiências de organização dos trabalhadores metalúrgicos de Campinas (1978-1984). 1996. 207p. Dissertação (Mestrado em Sociologia) – Instituto de Filosofia e Ciências Humanas, UNICAMP, Campinas, 1996. In: UNICAMP. Biblioteca Digital da UNICAMP. Campinas, 2009. Disponível em: http://libdigi.unicamp.br/document/?code=000113595. Acesso em: 5 maio 2010.

3.2 Sistema numérico

Orientações gerais

a) No sistema numérico, utilizam-se números arábicos, para indicar as fontes citadas, obedecendo à ordem crescente ao longo do texto.

b) A numeração adotada no texto corresponde à ordem numérica das referências no final do texto, devendo ser utilizado tanto na citação direta como indireta.

c) A apresentação da numeração no texto pode ser entre parênteses, na mesma linha do texto, ou, sobrescrita após pontuação final da citação, não fazendo uso do parêntese.

Exemplos:

Segundo Lima, "O destino do homem são as estrelas." (1)
Segundo Lima, "O destino do homem são as estrelas."[1]

3.2.1 Citação não incluída na sentença

Orientações específicas

a) A numeração é colocada no final da citação, após a pontuação.

b) Em caso de várias citações em sequência, indicar a primeira e a última, separadas por hífen.

c) Em caso de várias citações não sequenciais, indicá-las separadas por vírgulas.

Exemplos

As modernas técnicas eletroquímicas para estudar o hidrogênio em metais foram avaliadas recentemente. (1)

> Esta citação corresponde a uma única obra consultada e que consta da lista de referências com o número 1.

O estudo do hidrogênio em metais realizado por métodos eletroquímicos mostra a necessidade de estudos complementares. (1-3).

> Esta citação corresponde a mais de uma obra consultada e que consta da lista de referências em sequência da número 1 até a 3.

O comportamento eletroquímico de alguns aços ligados ao boro submetidos à corrosão indica alterações estruturais. (1, 3, 9)

> Esta citação corresponde a várias obras consultadas e que constam da lista de referências em ordem não sequencial, números 1, 3 e 9.

3.2.2 Citação incluída na sentença

Orientações específicas

a) Devem-se indicar o(s) sobrenome(s) apenas com a primeira letra maiúscula seguido do número da citação.

b) Se a citação tiver dois autores: separá-los por "e".

c) Se a citação tiver três autores: separar o primeiro autor do segundo por vírgula e o terceiro por "e".

d) Se a citação tiver mais de três autores: indicar o primeiro autor seguido da expressão et al. (do latim et alii, que significa e outros).

Exemplos

De acordo com Barboza (1) o estudo comportamental dos aços ligados ao boro submetidos à corrosão indica alterações estruturais.

Para Casanova e Cousier (2) a influência da camada de óxido é fundamental para o processo analisado.

O estudo eletroquímico foi descrito por Bockris, Conway e White. (3)

Bohm et al. (4) utilizaram a investigação fotoeletroquímica de corrosão através de técnicas eletroquímicas de varredura.

Nota: Recomenda-se não utilizar notas de rodapé numérica quando já se utiliza no texto o sistema numérico. Pode-se utilizar símbolos como, por exemplo, o asterisco (*) para indicá-las.

4 Notas de rodapé

São esclarecimentos, complementações ou observações que não são incluídas no texto para não interrromper a sequência lógica da leitura.

As notas de rodapé podem ser de dois tipos: notas de referência e notas explicativas.

As notas de rodapé devem ser apresentadas no texto conforme se recomenda a seguir:

a) limitadas ao mínimo necessário;

b) colocadas ao pé das páginas, em algarismos arábicos, na entrelinha superior sem parênteses, com numeração consecutiva para todo capítulo;

c) separadas do texto por um traço contínuo;

d) escritas em espaço simples e em fonte menor que a do texto;

e) separadas entre si por espaço duplo.

4.1 Notas de referência

As notas de referência são indicadas nos casos em que o autor não consultou as fontes originais como é o caso de citação de citação e outras situações em que não foi possível o acesso à obra original.

As notas de referência são utilizadas também para remeter a outras obras ou partes de obras onde o assunto foi abordado.

Orientações específicas

a) A primeira citação de uma publicação deve ter sua referência completa.

b) As notas de referências devem ser numeradas uma única vez no capítulo, em algarismo arábico com expoente destacado a à esquerda. Em nota de referência, não se inicia a numeração a cada página.

c) As notas de referência são apresentadas em letra menor que a do texto, sem espaço entre elas.

Exemplos

---
1   ATKINS, Peter William. *Princípios de química*. Porto Alegre: Bookman, 1999.

2   KONING, Hans. *Colombo*: o mito desvendado. Tradução de Maria Carmelita Pádua Dias. Rio de Janeiro: Jorge Zahar, 1992. 110p. (Coleção Jubileu). Título original: Columbus: his enterprise.

3   BOXWELL Jr., Robert J. *Vantagem competitiva através do benchmarking*. Tradução de José Carlos Barbosa dos Santos. São Paulo: Makron, 1996.

4   FERRAZ JÚNIOR, Tércio Sampaio. *Introdução ao estudo do direito*: técnica, decisão, dominação. São Paulo: Atlas, 1988.

5   PINTO MOLINA, María. *El resumen documental*: princípios y métodos. Madrid: Fundación Gérman Sanches Ruiperez, 1992.

6   ASSOCIAÇÃO BRASILEIRA DE NORMAS TÉCNICAS. *NBR 6028*: resumos. Rio de Janeiro: ABNT, 1990.

7   GWYNN, Price H. Jr. *Leadership education in the local church*. Philadelphia: The Westminster Press, 1952.

8   CARNEIRO, M. V. Diretrizes para uma política de indexação. *Revista da Escola de Biblioteconomia*, Belo Horizonte, v.14, n.2, p.221-241, 1985.

As citações subsequentes da mesma publicação podem ser referenciadas de forma abreviada, utilizando-se expressões latinas para evitar repetições desnecessárias de autores, títulos e páginas. Estas expressões latinas abaixo podem dificultar a leitura da obra, assim algumas vezes é preferível repetir as indicações da referência tantas vezes forem necessárias:

4.1.1 Idem ou Id. (do mesmo autor)

Utilizada em substituição ao nome do autor quando forem citadas diversas obras do mesmo autor.

Exemplos

1   ATKINS, Peter William, 1991, p.234.
2   Id., 1994, p.123.
3   Id., 1999, p.718.

4.1.2 Ibidem ou Ibid. (na mesma obra)

Utilizada em substituição ao nome do autor e título quando for citada uma mesma obra várias vezes, variando-se apenas as páginas.

Exemplos

1   GENTIL, 1996.
2   Ibid., p.75.

3   Ibid., p.98.
4   LOSANO, 1968, p.23.
5   Ibid., p.20.
11 CALLIESS, 1971.
12 Ibid., p.154.
13 Ibid., p.153.
14 Ibid., p.161.

4.1.3 Opus citatum, opere citato ou op. cit. (na obra citada anteriormente)

Utilizada para indicar obra já citada na mesma página quando houver intercalação de outras notas.

Exemplos

1   GENTIL, 1996, p.32.
2   SCHMIT, 1954, p.20.
3   GENTIL, op. cit., p.54.
4   SCHMIT, op. cit., p.23.
9   WIMMER, 1971, p.79.
6   SCHMIT, op. cit., p.119.
10 WIMMER, op. cit., p.80.

4.1.4 Passim (aqui e ali em diversas passagens)

Utilizada para indicar várias páginas consultadas.

Exemplos

1   LEITE, 2002, passim.

4.1.5 Loco citato ou loc. cit. (no lugar citado)

Utilizada para indicar mesma página de uma obra já citada anteriormente quando houver intercalação de outras notas.

Exemplos

1   LANCASTER, 1993, p.37.
2   GADET; HAK et al., 1990, p.253.
3   LANCASTER, loc. cit.
4   GADET; HAK et al., loc.cit.

4.1.6 Confira, conforme ou Cf.

Utilizada para indicar trabalhos de outros autores ou notas do mesmo trabalho.

Exemplos

1 Cf. CIOLA, 1973.
2 Cf. nota 1 deste capítulo.
3 Cf. p.58.
4 Cf SCHLEIERMACHER, 2000.
5 Cf. p.31

4.1.7 Sequentia ou et seq. (seguinte ou que se segue)

Utilizada para indicar uma sequência de páginas de uma obra citada.

Exemplos

1 ROCHA; ROSA, 2003, p.52 et seq.
2 ANKERBERG; WELDON, 1991, p.221 et seq.

4.1.8 Apud (citado por, conforme, segundo)

É a única expressão que pode ser utilizada também no texto.

Exemplos

1 KUBELKA; MUNK, 1931 apud JANATA, 1990, p.58.
2 LEITE, [19—] apud RÓNAI, [19—], p.37.

4.1.9 Citação de citação

Orientações específicas

a) Deve-se ser elaborada a referência do documento não consultado em nota de rodapé na mesma página em que esta aparecer.

b) O número da nota deve vir depois do ano.

Exemplo

Bowen (1962),[1] citado por Leinfelder (1997, p.575), afirma que "Até a década de 60, os materiais estéticos eram limitados e não apresentavam resultados adequados [...]".

---

1 BOWEN, R.L. *Dental filling material comprising vinyl silane treatd fused sílica and a binder consisting of the reaction product of bisphenol and glycidyl acrylate*. US 3066112, Nov. 1962.

4.1.10 Nota de informação verbal

1 Palestra apresentada na Mesa Redonda "O Futuro da Educação a Distância no Brasil", promovida pelo Centro de Educação Aberta Continuada/CEAD, da Universidade de Brasília, em 05/04/99.

2 Palestra realizada no Festival Usina de Arte e Cultura, promovido pela Prefeitura Municipal de Porto Alegre, em outubro, 1994. Tradução Suely Rolnik. Revisão da tradução transcrita João Batista Francisco e Carmem Oliveira.

4.1.11 Nota de trabalho em fase de elaboração

1 Trecho da obra *Cybercultura* a ser publicada a 21 de novembro pela editora Odile Jacob (França).

4.1.12 Nota de *home page*

1 A informação sobre indexação da web foi formulada analisando a *home page* <http://www.newscientist.com/keysites/networld/lost.html>. Acesso em: 15 mar. 2007.

4.1.13 Nota de informação de evento

1 Palestra apresentada no IV Encontro de Documentalistas dos TRTs do Brasil, promovido pelo TRT 3ª Região, em 29 de agosto de 2002, em Belo Horizonte.

4.1.14 Nota de relatório

1 Relatório para UNESCO da Comissão Internacional sobre educação para o século XXI. São Paulo: Cortez, Brasília: MEC/UNESCO, 1998.

4.2 Notas explicativas

São os comentários ou observações pessoais do autor (concessão de bolsas e auxílios financeiros para realização do trabalho, nomes, endereços de instituições, dados obtidos por comunicação pessoal, trabalhos não publicados).

Exemplos

1 Trabalho realizado com o auxílio financeiro da FAPESP.

1 Relatório para UNESCO da Comissão Internacional sobre educação para o século XXI, publicado em 1998.

1 A informação sobre indexação da web foi extraída da *home page* <http://www.newscientist.com/keysites/networld/lost.html>. Acesso em 15 de março de 2007.

2 Recordemos as construções do neoplatonismo.

3 Referência clara aos avatares da filosofia idealista, relativos as filosofias de Kant e Fichte.

4 Alusão à Revolução Francesa. Dentro das peculiaridades de seu pensamento, também Schleirmacher, o mesmo que tantos contemporâneos seus, sentiu-se fascinado pela magnitude deste acontecimento histórico.

Segundo Cornelis et al. (2003, p.7),

o registro de imagens é necessário quando imagens de diferentes momentos precisam ser sobrepostas. Têm-se utilizado com sucesso, algoritmos que executam transformações do tipo RST. Esse modelo se baseia em correções do tipo: translação,[1] rotação,[2] e escalonamento.[3]

---

1 Translação é um deslocamento da imagem para cima, para baixo ou para os lados.

2 Rotação é o giro da imagem, para direita ou esquerda, em graus.

3 Escalonamento é a compressão e o estiramento.

ANEXO

Tabela 1 – Indicações das principais unidades legais de medida

Grandeza	Nome	Plural	Símbolo
comprimento	metro	metros	m
área	metro quadrado	metros quadrados	m^2
volume	metro cúbico	metros cúbicos	m^3
ângulo plano	radiano	radianos	rad
tempo	segundo	segundos	s
frequência	hertz	hertz	Hz
velocidade	metro por segundo	metros por segundo	m/s
aceleração	metro por segundo	metros por segundo	m/s^2
massa	quilograma	quilogramas	kg
massa específica	quilograma por metro cúbico	quilogramas por metro cúbico	Kg/m^3
vazão	metro cúbico por segundo	metros cúbicos por segundo	m^3/s
quantidade de matéria	mol	mols	mol
força	newton	newtons	N
pressão	pascal	pascals	Pa
trabalho, energia, quantidade de calor	joule	joules	j
potência, fluxo de energia	watt	watts	W
corrente elétrica	ampère	ampères	A
carga elétrica	coulomb	coulombs	C
tensão elétrica	volt	volts	V
resistência elétrica	ohm	ohms	Ω
condutância	siemens	siemens	S
capacitância	farad	farads	F
temperatura Celsius	grau Celsius	graus Celsius	°C

continuação

Grandeza	Nome	Plural	Símbolo
temp. termodinâmica	Kelvins	Kelvins	K
intensidade luminosa	candela	candelas	cd
fluxo luminoso	lúmen	lúmens	lm
iluminamento	lux	lux	lx
volume	litro	litros	l ou L
ângulo plano	grau	graus	°
ângulo plano	minuto	minutos	'
ângulo plano	segundo	segundos	"
massa	tonelada	toneladas	t
tempo	minuto	minutos	min
tempo	hora	horas	h
velocidade angular	rotação por minuto	rotações por minuto	rpm

Fonte: Instituto Nacional de Metrologia Normalização e Qualidade Industrial, 2007.

Tabela 2 – Como indicar data na citação de documentos

Ocorrência	Formas de apresentação
Data provável	[1970?]
Data certa não indicada no item	[1999]
Intervalos menores de 20 anos	[entre 1906 e 1912]
Data aproximada	[ca.1960]
Década certa	[197-]
Década provável	[197-?]
Século certo	[18-]
Século provável	[18-?]

Fonte: Associação Brasileira de Normas Técnicas, 2002.

Referências bibliográficas

ASSOCIAÇÃO BRASILEIRA DE NORMAS TÉCNICAS. *NBR 6023*: informação e documentação: referências: elaboração. Rio de Janeiro, 2002. 24p.

ASSOCIAÇÃO BRASILEIRA DE NORMAS TÉCNICAS. *NBR 10520*: informação e documentação: citações em documentos: apresentação. Rio de Janeiro, 2002. 7p.

BRASIL, Nilo Índio do. *Sistema internacional de unidades:* grandezas físicas e físico-químicas: recomendações das normas ISO para terminologia e símbolos. Rio de Janeiro: Interciência, 2002. 125p.

INSTITUTO BRASILEIRO DE GEOGRAFIA E ESTATÍSTICA. *Normas de apresentação tabular.* 3.ed. Rio de Janeiro, 1993. 61p.

INSTITUTO NACIONAL DE METROLOGIA NORMALIZAÇÃO E QUALIDADE INDUSTRIAL. *Unidades legais de medida.* Disponível em: <http://www.inmetro.gov.br/consumidor/unidlegaismed.asp>. Acesso em: 22 maio 2007.

MANUAL de estilo Editora Abril: como escrever para nossas revistas. 7.ed. Rio de Janeiro: Nova Fronteira, 1990. p.44-46.

SOBRE O LIVRO

Formato: 14 x 21 cm
Mancha: 26 x 43 picas
Tipologia: Minion 10/14
Papel: Offset 75 g/m² (miolo)
Cartão Supremo 250 g/m² (capa)

EQUIPE DE REALIZAÇÃO

Edição de Texto
Paula Brandão Perez Mendes (Preparação de original)
Daniele Fátima Oliveira e Gisela Carnicelli (Revisão)

Capa
Estúdio Bogari

Editoração Eletrônica
Edmílson Gonçalves

Edições Loyola

impressão acabamento
rua 1822 nº 341
04216-000 são paulo sp
T 55 11 3385 8500
F 55 11 2063 4275
www.loyola.com.br